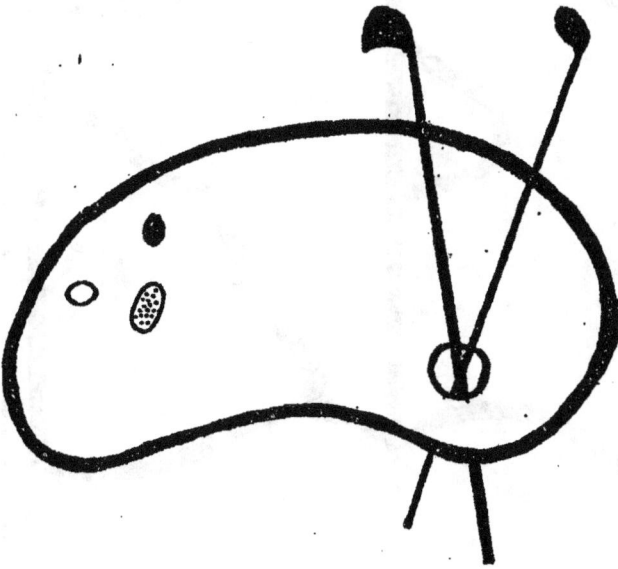

DEBUT D'UNE SERIE DE DOCUMENTS
EN COULEUR

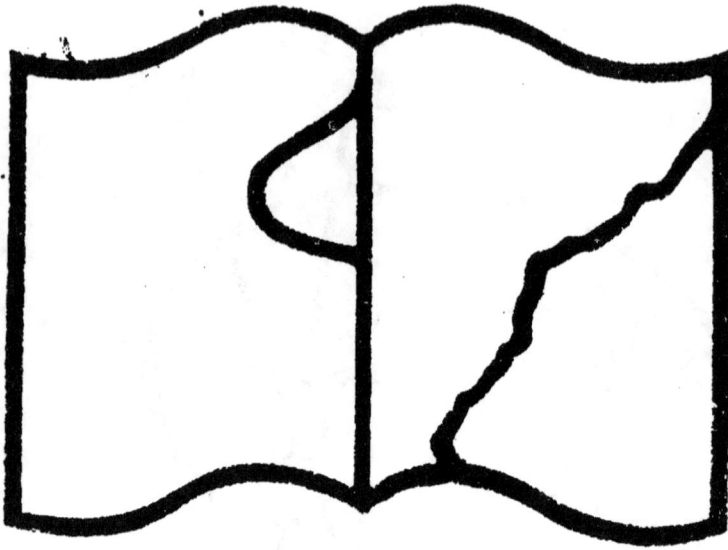

SCIENCE ET RELIGION

Nouvelles Études   n° 13

MAHOMET

ET SON ŒUVRE

PAR

I.-L. GONDAL, S.-S.

Professeur d'apologétique et d'histoire au séminaire Saint-Sulpice.

PRO DEO ET PATRIA

PARIS

LIBRAIRIE BLOUD ET BARRAL

4, RUE MADAME ET RUE DE RENNES, 59

1897

SCIENCE ET RELIGION

NOUVELLES ÉTUDES PHILOSOPHIQUES, SCIENTIFIQUES ET RELIGIEUSES

Collection de vol. in-12 de 64 pages *compactes*

Prix : **O fr. 6O** le vol.

Depuis longtemps les ennemis de la religion ne cessent de faire retentir dans tous les organes dont ils disposent : livres, journaux, revues, brochures, ce qu'ils appellent les « RÉSULTATS CERTAINS DE LA SCIENCE MODERNE » avec la conclusion clairement exprimée ou perfidement sous-entendue qu'il y a DÉSACCORD entre ces *résultats* et les *affirmations de la Foi.*

Nos savants catholiques n'ont pas manqué de répondre. L'ont-ils toujours fait de manière à rester facilement *accessibles à toutes les classes de lecteurs ?*

De nombreux et volumineux ouvrages d'apologétique ont été publiés mais précisément la méthode apologétique et le mot lui-même ne sont-ils pas dès l'abord suspects aux *incrédules* et même aux *indifférents ?* D l'examen de ces inconvénients est née l'idée d'une *collection* où les même vérités seraient exposées dans le même but, mais sous une forme plus concise, plus claire, plus attractive, plus compréhensible pour tous quoique très particulièrement *scientifique.*

Notre Bibliothèque des *Nouvelles études* sera RELIGIEUSE : sur tous points l'enseignement catholique est le phare dont nous suivrons la lumièr

Mais elle sera en même temps et AVANT TOUT *une bibliothèque* PHIL SOPHIQUE *et* SCIENTIFIQUE *destinée à faire connaître les principales manifestations de la pensée humaine dans la recherche de la vérité.*

Aussi ne s'interdira-t-elle pas l'exposé des solutions personnelles, originales. Elle comportera nombre de sujets qui n'intéressent que de loin la foi ou lui sont même étrangers. *Par là elle contribuera*, nous l'espérons, *à développer chez nos lecteurs l'esprit philosophique, les initiera et les habituera aux méthodes des sciences, aux procédés tout modernes de la critique historique ou de la philologie.*

Chacune de nos monographies aura pour but de faire connaître, sur chaque sujet, l'état actuel précis de la question et de donner le dernier mot de la science.

Aux gens du monde loyaux et consciencieux trop souvent arrêtés par les objections spécieuses comme devant d'inexplicables énigmes; aux jeunes gens désireux d'approfondir la science de la foi; aux conférenciers, prédicateurs, professeurs astreints à des recherches longues et fatigantes; aux prêtres toujours désireux de faire lire des ouvrages vraiment remarquables, intéressant la défense de la Religion, n'est-ce pas rendre service de présenter, dans une série de TRAITÉS substantiels et suggestifs, les principales vérités philosophiques, historiques et religieuses?

Ajoutons que la publication de notre Bibliothèque par opuscules vendus séparément, *à un prix modique*, rendra facile à chacun la formation lente et successive d'une précieuse encyclopédie *scientifique*.

Pour réaliser ce programme, d'éminents collaborateurs ont bien voulu nous assurer leur concours. Parmi eux nous citerons : MM. Gondal et Guibert, professeurs à St-Sulpice, le R. P. de la Barre, M. l'abbé Pisani, professeurs à l'Institut catholique de Paris, le R. P. Ortolan, M. l'abbé Constant, (tous deux) lauréats de l'Institut catholique de Paris, M. l'abbé Thomas, vicaire général de Verdun, M. Guyot, *auteur de la Raison conduisant l'homme à la Foi*, M. G. Fonsegrive, G. Romain, P. Courbet, ancien élève de l'Ecole polytechnique, Jeanniard du Dot, etc.

Cette liste est destinée à s'allonger; bientôt s'y ajouteront, nous en avons la promesse, les noms des personnes si autorisées qui, dès la première heure ont bien voulu accorder à notre projet les plus honorables et les plus flatteurs encouragements.

En contribuant ainsi dans la mesure de nos forces à l'union de l'esprit scientifique et de l'esprit de foi, nous répondons aux besoins de l'époque et à la pensée du Pape Léon XIII dont la grande voix s'est si souvent élevée pour recommander aux catholiques de se servir des connaissances et des méthodes scientifiques pour la défense de leur foi.

Voici une première liste des ouvrages parus ou à paraître incessamment:

— **Certitudes scientifiques et Certitudes philosophiques** par le R. P. de la Barre S. J. professeur à l'Institut catholique de Paris. **1 vol.**

— **L'Ame de l'homme** par J. Guibert prêtre de St.-Sulpice, professeur de sciences naturelles (maison d'Issy). **1 vol.**

— **Faut-il une religion ?** par M. l'abbé Guyot, curé-doyen de Gérardmer, docteur en théologie et en droit canon, ancien professeur de théologie. **1 vol.**

— *Du même auteur :* **Pourquoi y a-t-il des hommes qui ne professent aucune religion ?** **1 vol.**

— **Etudes sur la Pluralité des mondes habités et le dogme de l'Incarnation** par le R. P. Ortolan, docteur en théologie et en droit canonique, lauréat de l'Institut catholique de Paris, membre de l'académie de Saint Raymond de Pennafort. **3 vol.**

I. — *L'Épanouissement de la vie organique à travers les plaines de l'infini.* **1 vol.**

II. — *Soleils et terres célestes.* **1 vol.**

III. — *Les Humanités astrales, et l'Incarnation.* **1 vol.**

Chaque vol. se vend séparément.

— **L'Au-delà ou la Vie future d'après la foi et la science** par M. l'abbé J. LAXENAIRE, docteur en théologie et en droit canon et de l'Académie de St Thomas d'Aquin, professeur au grand séminaire de St-Dié.   **1 vol.**

— **Le Mystère de l'Eucharistie.** — **Aperçu scientifique** par M. l'abbé CONSTANT, docteur en théologie, lauréat de l'Institut catholique de Paris.   **1 vol.**

— **L'Eglise catholique et les Protestants** par G. ROMAIN auteur de : *L'Eglise et la Liberté, Le Moyen Age fut-il une époque de ténèbres, de servitude ?*   **1 vol.**

— **Mahomet et son œuvre** par I. L. GONDAL professeur d'éloquence au séminaire Saint-Sulpice.   **1 vol.**

— **Christianisme et Bouddhisme** (*Études orientales*) par M. l'abbé THOMAS, vicaire général de Verdun.   **2 vol.**

L'ouvrage est divisé en deux parties dont aucune ne se vend séparément.

Première partie : *Le Bouddhisme.*

Deuxième partie : *le Bouddhisme dans ses rapports avec le christianisme. — Ascétisme oriental et ascétisme chrétien.*

— **Où en est l'Hypnotisme**, son histoire, sa nature, et ses dangers par A. JEANNIARD DU DOT, auteur du *Spiritisme dévoilé*.   **1 vol.**

— *Du même auteur :* **Où en est le Spiritisme**, sa nature et ses dangers.   **1 vol.**

— **Nécessité scientifique de l'existence de Dieu**, par Pierre COURBET, ancien élève de l'Ecole Polytechnique. — in-18 raisin de 72 pages. — Prix, 0 fr. 60.

— *Du même auteur :* **Jésus-Christ**, in-18 raisin de 72 pages. — Prix, 0 fr. 60.

Ces deux derniers opuscules, parus il y a environ un an, sont édités exceptionnellement dans le format in-18 raisin. Leur succès considérable et si encourageant a déterminé la création définitive de la bibliothèque des *Nouvelles Etudes*.

Dans le premier l'auteur expose, d'une manière brève mais très serrée, les preuves les plus décisives de cette affirmation que l'existence de Dieu est une vérité mathématique et le dernier mot de la science moderne. Dans le second, Jésus-Christ, M. P. Courbet continue son exposé rationnel et logique des fondements de la foi chrétienne. Après avoir démontré par des preuves uniquement scientifiques que Dieu existe, il en déduit que Jésus-Christ est Dieu.

CITEAUX. — IMP. GUILLERMAIN.

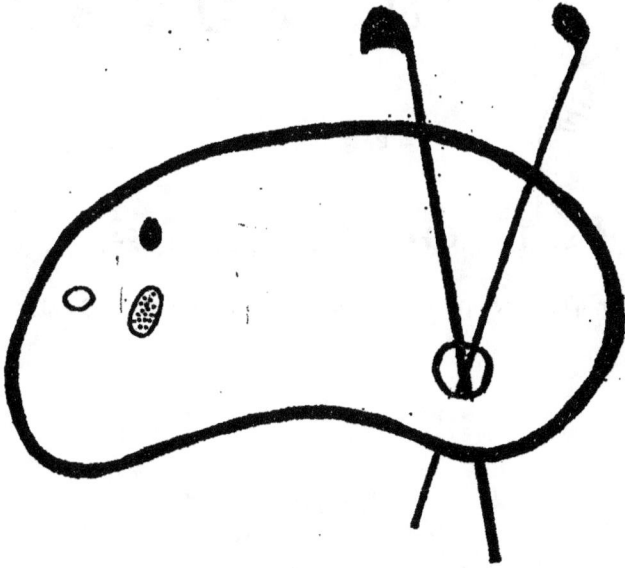

FIN D'UNE SERIE DE DOCUMENTS
EN COULEUR

SCIENCE ET RELIGION

Nouvelles Études

MAHOMET

ET SON ŒUVRE

PAR

I.-L. GONDAL, S.-S.

Professeur d'apologétique et d'histoire au séminaire Saint-Sulpice.

PRO DEO ET PATRIA

MERCES SINE FINE — LABOR CUM FINE

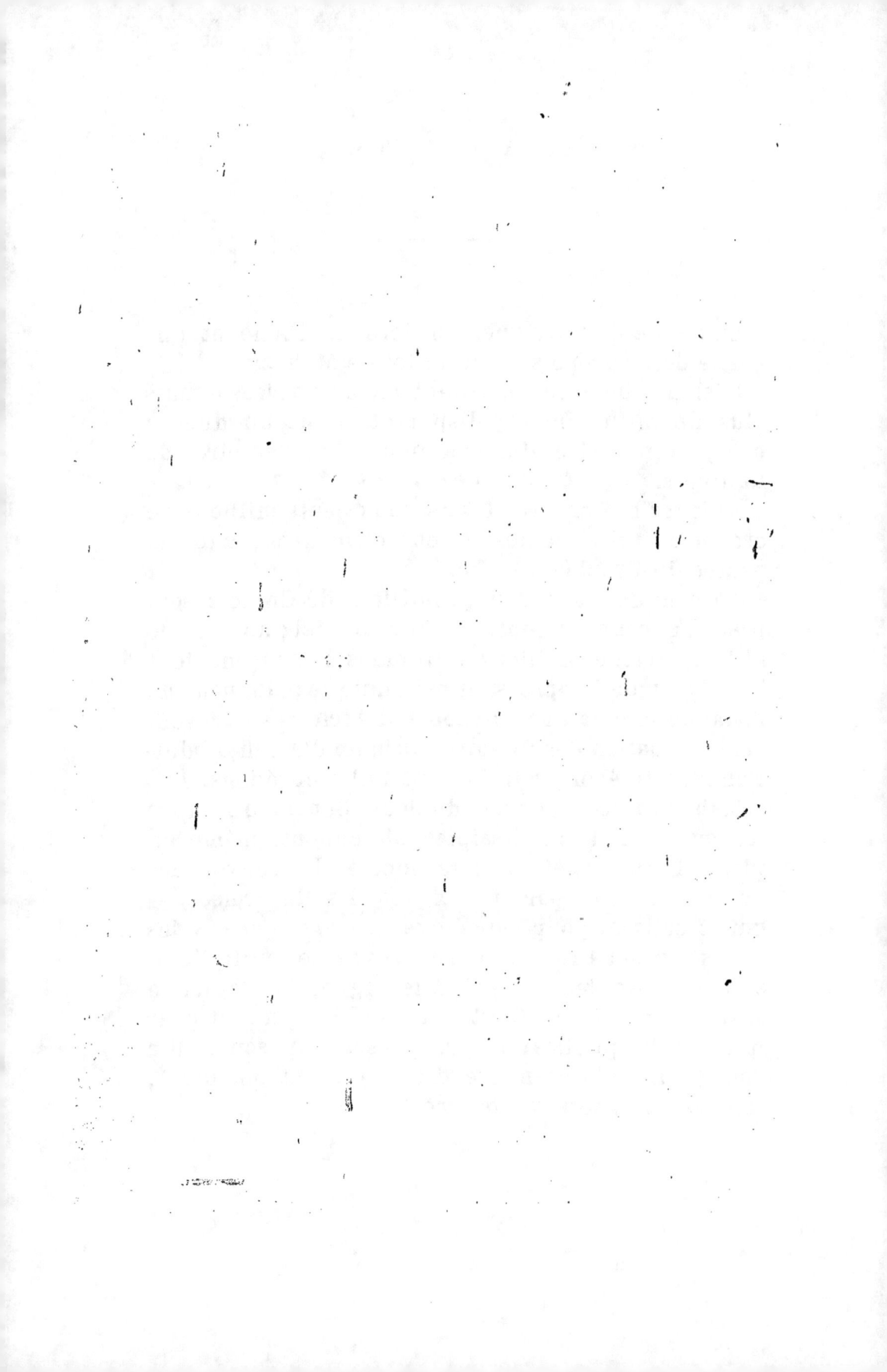

AVANT-PROPOS.

La moitié de l'Afrique, un tiers de l'Asie et une partie de l'Europe suivent la loi de Mahomet.

L'islamisme et le christianisme aux prises depuis plus de mille ans se disputent, dans un duel à mort, la maîtrise des consciences et l'empire de l'univers.

Aujourd'hui encore plus de deux cents millions de créatures raisonnables vivent et meurent dans la pensée du Prophète Arabe.

Au nom de l'Islam, vingt millions de Chinois sont prêts à s'insurger contre le Fils du ciel ; au nom de l'Islam, trente millions d'Hindous annoncent tout haut la fin de l'oppression britannique ; au nom de l'Islam, cinquante millions d'Africains rêvent l'extermination des Roumis ; au nom d'Allah, Abdul-Hamid, fait égorger trois cent mille chrétiens.

Mahomet est l'homme du jour. Son nom remplit les journaux et ses disciples obtiennent, même en plein Paris, « cet étrange succès de trouver des chrétiens, — et parmi eux des fils de croisés, — qui se cotisent pour leur élever une mosquée ; » les livres qui nous racontent son œuvre se multiplient, et, après l'Angleterre et l'Allemagne, la France a sa *Revue de l'Islam*. C'est plus qu'il n'en faut pour justifier la publication du présent opuscule. Il a deux parties : la première dit ce que fut Mahomet ; la seconde expose son œuvre.

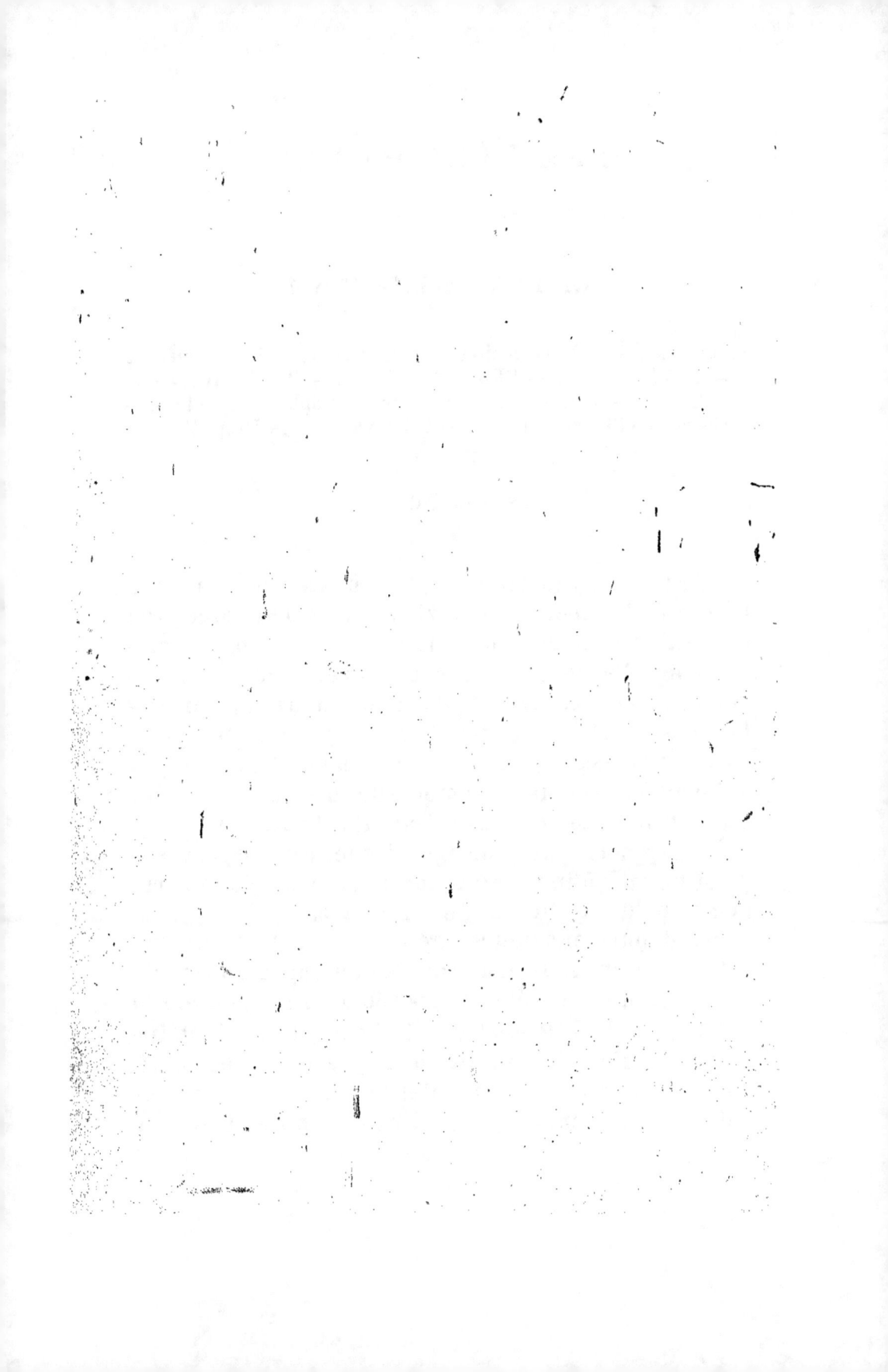

PREMIÈRE PARTIE.

LE PÈRE DE L'ISLAM.

LES KORÉÏSCHITES.

L'Arabie n'avait rien en plus haute vénération à la fin du VIᵉ siècle, que la ville sainte de la Mecque ; elle ne voyait rien de plus auguste dans la cité bénie que l'enceinte sacrée du Haram, au centre de laquelle, — près de la fontaine de Zemzem, miraculeusement suscitée, disait la légende, en plein désert, pour sauver de la mort Ismaël et sa mère, — s'élevait le sanctuaire fameux de la Kaaba, où les 360 divinités des Arabes faisaient à l'aérolithe sacré ou pierre noire, un cortège digne du respect superstitieux qu'inspirait à toute la race ce bizarre symbole de son Dieu et de sa patrie.

Or, depuis plusieurs générations, la puissante tribu des Koréïschites faisait bonne garde autour du Haram. Seule, elle était préposée à l'entretien de la Kaaba ; seule, elle distribuait l'eau de la fontaine sacrée ; seule, elle veillait sur la pierre noire ; seule, elle présidait aux cérémonies religieuses qui ramenaient annuellement toute l'Arabie autour de son

sanctuaire national. C'est dire le crédit et le prestige dont jouissait, aux yeux de tous les Arabes,
cette famille sacerdotale dont les annales d'ailleurs
étaient riches en traits de bravoure et de bienfaisance qu'on se racontait sous la tente avec admiration et respect. Kossay, le fondateur de sa brillante
fortune, était resté célèbre pour son courage et sa
charité : Hachem, son fils, avait mérité le surnom
d'émietteur de pain pour avoir nourri pendant une
famine le peuple de la Mecque. Abd-el-Motaleb,
grand-père de Mahomet, un juste aimé de Dieu,
avait restauré le puits d'Ismaël, et mérité d'Allah,
au dire des Arabes, pendant qu'il guerroyait contre
les Abyssins, une assistance miraculeuse. Aussi,
nulle famille, dans la Péninsule, n'était plus respec-
tée, plus universellement estimée. Elle avait, en
quelque sorte, la surintendance des grands intérêts
politiques et religieux de la race arabe.

L'ORPHELIN.

Mahomet naquit à la Mecque en 570. Orphelin de
bonne heure — son grand'père Abd-el-Motaleb, son
père Abd-Allah et sa mère Amina moururent pendant sa première enfance, ne lui laissant pour tout
héritage que l'esclave Zéïd, un troupeau de mou-
tons et cinq chameaux, — il fut recueilli par ses
oncles et confié au plus respectable de ces derniers,
Abou-Taleb, intendant de la Kaaba, qui se chargea
de l'élever. L'enfance du Prophète s'écoula heu-
reuse et tranquille à l'ombre du sanctuaire, au
sein d'une famille sacerdotale, près d'un parent
honoré de la plus haute dignité religieuse de
l'Arabie. Dans ce milieu si favorable au dévelop-

pement des sensations religieuses exaltées et mor-
bides, son âme mystique vit passer d'étranges
visions, sa sensibilité maladive reçut d'étranges
secousses. Ses rêves l'obsédaient ; peut-être même
ressentait-il déjà les premières atteintes de ce mal
mystérieux qui devait exercer sur sa vie, peut-être *extase*
même sur sa mort, et en tous les cas sur ses idées
religieuses une influence si décisive. Nos lecteurs
n'ignorent pas, en effet, que Mahomet fut toute sa
vie sujet à de douloureuses hallucinations d'où il ne
sortait que ruisselant de sueur, l'écume à la bou-
che et tremblant de tous ses membres. Ses partisans
y virent des extases ; lui-même y vit des manifestations miraculeuses de cet esprit prophétique que
les anges, à l'en croire, auraient placé dans sa poi-
trine à la place de son cœur, dès le berceau ; et de
fait, c'est souvent au sortir de quelqu'une de ces
crises — vraisemblablement épileptiques — qu'il se
proclamera inspiré, et dictera plus tard les plus
belles surates du Coran.

LE CHAMELIER.

A quinze ans Mahomet abandonne les occupations
paisibles de la vie pastorale et les exercices passion-
nants de la vie contemplative autour de la Kaaba,
pour suivre au loin, jusqu'aux marchés de la Syrie
et du Yemen les membres de sa tribu qui s'adon-
nent au commerce. Les Koréischites comptaient au
nombre des plus habiles trafiquants de l'Arabie. Le
jeune Mahomet donna à ses compagnons de voyage
des preuves si multipliées, si évidentes, d'intelligence, de sang-froid, de courage, qu'en peu de
temps il eut tous les cœurs, devint l'âme des entre-

prises les plus hardies, et fut élu chef de caravane.
Or un chef de caravane est, en Arabie, un person-
nage considérable, car sa tâche est importante, dif-
ficile et délicate entre toutes. Il faut du coup d'œil,
de la résolution, de l'audace pour guider, à travers
des routes difficiles, d'immenses convois de plusieurs
centaines de chameaux et de plusieurs milliers de
personnes, régler les haltes, écarter les pillards,
attirer les clients, protéger les pèlerins, traiter avec
les marchands. Mahomet fut toujours à la hauteur
de sa lourde tâche, et sut déployer, suivant les cas,
les talents d'un administrateur, d'un diplomate ou
d'un capitaine. Sa belle intelligence s'imprégna,
au contact des peuples divers qui passèrent sous
son regard observateur, d'impressions, d'idées, de
sentiments, qui, entrant pêle-mêle, se logèrent au
hasard dans sa tête de visionnaire. Curieux comme
il l'était des choses religieuses, il ne manquait jamais de s'entretenir avec les plus considérables de
la caravane, et d'interroger les représentants des
différentes religions des pays qu'il traversait,
moines chrétiens, rabbins juifs et mages persans.

LE VISIONNAIRE.

A vingt-quatre ans Mahomet est déjà une célé-
brité. Il connaît à fond son pays. Il a vu l'étranger.
La grandeur de la civilisation chrétienne, qu'il a en-
trevue à Bostra, le trouble ; le spectacle de la Mecque
l'humilie ; la vue des misères sans nombre que
font peser sur sa race les guerres intestines et la
domination étrangère l'irrite. L'idée d'une révolution
sociale et religieuse hante son esprit ; il rêve pour
son pays un avenir meilleur ; il pressent, il devine

que l'heure est venue où de grandes choses vont s'accomplir. Ne serait-il pas le héros choisi de Dieu pour cette grande œuvre ?

Sur ces entrefaites, une riche veuve, Khadidja, qui depuis plusieurs années l'avait attaché à son commerce, lui donne sa main.

Désormais à l'abri du besoin, Mahomet qu'obsède de plus en plus sa vision religieuse et patriotique renonce aux pérégrinations lointaines et se livre, en toute liberté, à son goût pour la méditation. C'est alors qu'on le vit, au temps de ramadan surtout, c'est-à-dire pendant les pèlerinages et la trève sacrée, fuir le milieu bruyant de la ville sainte, alors pleine de vendeurs affairés et dévots, pour vivre solitaire dans une caverne du mont Hira. Loin de nuire à sa réputation, ces excentricités l'augmentèrent encore. Le mystère dont il aimait à s'entourer commençait à intriguer l'opinion publique. On parlait vaguement de visions étranges, de prodiges singuliers dont la caverne d'Hira serait le théâtre et Mahomet le témoin et le héros. Ses vertus naturelles, la gravité de ses mœurs, son éloquence, sa douceur, prédisposaient à interpréter en bonne part les étranges rumeurs qui couraient sur son compte. Si grande était l'estime qu'on avait pour lui, qu'on ne le nommait plus que *El-Amin* « l'homme sûr ».

L'ENVOYÉ DE DIEU.

Quinze ans durant Mahomet garda sur ses desseins un silence absolu — il fallait les mûrir ; et quand il se résolut à formuler son illusion opiniâtre ou son imposture longuement préméditée, il eut des hésita-

tions, et n'arriva que par degrés à livrer tout son
secret, d'abord à des amis sûrs, puis aux habitants
de la Mecque, puis aux pèlerins de toute l'Arabie
réunis autour de la Kaaba, et enfin, dans la mesure du
possible, à l'univers tout entier. Lentement sa pensée se fait jour, son dessein s'accuse, son ambition
grandit. Le solitaire de Hira conversait avec les
anges; Gabriel, le messager d'Allah, a écrit dans
son cœur le livre qui doit donner au monde la véritable et pleine doctrine. « Il n'y a pas d'autre Dieu
que Dieu et Mahomet est son prophète. » L'Arabie
est divisée, l'Arabie est idolâtre; le monde est en
proie à l'erreur. Mahomet, le plus grand et le dernier des prophètes, va rendre à son peuple l'unité
et la vérité, et, avec son peuple et par son peuple
uni et soumis à Dieu, faire triompher par toute la
terre l'islamisme, c'est-à-dire, la soumission à Allah
et le véritable culte d'Abraham, dont le paganisme
est la négation, le judaïsme et le christianisme des
altérations successives et criminelles. Il est lui, Mahomet, le disciple fidèle du père des croyants, des-
tructeur des idoles, le Messie prédit par les prophètes, le Paraclet promis aux chrétiens.

Ses premiers confidents, ses familiers, ses amis,
sa femme, son esclave Zeïd, son cousin Ali, son fu-
tur beau-père Abou-Bekr, le poète Waraca, fascinés
par son génie, flattés du rôle glorieux que leur réservait le Prophète, dans l'épopée grandiose qu'il
déroulait sous leurs yeux, avec le feu et l'enthousiasme d'un voyant pour qui l'avenir appartient déjà
à l'histoire, crurent à sa mission divine et furent ses
premiers disciples. En dehors de ce cercle intime,
l'accueil fait au visionnaire fut froid et réservé. Au
bout de trois ans d'infatigables prédications, il avait
encore si peu de disciples qu'il pouvait les réunir

tous à sa table. Dans une de ces fêtes intimes, le
Prophète, après avoir exposé ses espérances et annoncé son dessein de se lancer éperdument à la réalisation de son rêve, — « qui de vous, s'écria-t-il, veut
être mon frère. mon lieutenant, mon vizir? » « Apôtre de Dieu, répondit Ali, je serai celui-là, et si
quelqu'un te résiste, je lui briserai les dents, je lui
arracherai ·les yeux, je lui fendrai·le ventre et je
lui casserai les jambes. »

A partir de ce jour, les partisans de Mahomet se
livrent en public à un prosélytisme de jour en jour
plus audacieux : les prières nouvelles sont récitées
publiquement à la Kaaba; la nouvelle doctrine prêchée avec éclat aux fêtes de la vallée d'Okhad; le
culte des idoles est violemment attaqué. La famille
des Koréischites, directement intéressée au maintien
du culte idolâtrique, s'émeut d'une entreprise qui
menace son autorité religieuse et politique, et pro-
voque contre les *musulmans* une insurrection qui
aurait mal tourné pour le Prophète, sans l'interven-
tion d'Abou-Taleb et des autres membres de sa famille. Ceux-ci, bien que ne partageant pas toutes les
idées de leur parent, jurèrent unanimement de le
défendre, par esprit de famille, et par point d'honneur. « Vous mentez, s'écriait Abou-Taleb, dans une
pièce en vers adressée aux Koréischites, j'en jure
par le saint Temple, si vous dites que nous laisse-
rons verser le sang de Mahomet, sans avoir combat-
tu avec la lance et l'épée ».

LE FUGITIF.

La courageuse attitude des parents du Prophète ne
fit qu'exaspérer la colère jalouse des Koréischites.
Si terribles furent les imprécations, si violentes les

menaces proférées par ces derniers, contre les partisans et les fauteurs de la religion nouvelle, que Mahomet crut prudent d'envoyer ses fidèles en Ethiopie, où le Négus leur fit bon accueil, et de se retirer avec tous les membres de sa famille, musulmans ou non, à Taïd, dans la montagne, non loin de la Mecque (615).

Ce fut la première « fuite » ou *Hégire*. L'exil du Prophète dura environ trois ans. Vers 618 nous le retrouvons dans la ville sainte, dont la protection d'Abou-Taleb lui a fait rouvrir les portes, mais où la susceptibilité jalouse des Koréïschites lui fait une situation extrêmement délicate et fort précaire. S'il parle, il va provoquer à nouveau la fureur de ses ennemis ; s'il se tait, il sacrifie ses convictions ou ses intérêts. Que faire ? Chez Mahomet le visionnaire exalté était doublé d'un fin politique. Il n'a plus l'oreille de ses compatriotes ; mais son prestige est intact aux yeux des étrangers. Or, parmi ces derniers, il le sait, un très grand nombre ne supportent qu'avec peine l'ingérance quelque peu hautaine des Koréïschites dans toutes les affaires religieuses et commerciales de l'Arabie. Au premier rang de ces jaloux sont les habitants d'Yatreb, de tout temps désireux d'attirer, à leurs marchés et à leurs sanctuaires, les flots de commerçants et de pèlerins que les foires de la Mecque réunissent autour de la Kaaba. En s'adressant aux étrangers, et particulièrement aux Yatrebites, Mahomet était donc assuré de rencontrer au moins des partisans intéressés de ses vues politiques, et des alliés discrets et sûrs contre ses plus redoutables ennemis. Nous savons maintenant pourquoi, pendant les quatre années qu'il passa encore à la Mecque, Mahomet s'abstint de tout acte public de prosélytisme vis-à-vis de ses concitoyens ; pourquoi, pendant le même temps, il ne perdit pas une occasion de se mêler aux groupes des pèlerins étrangers ; pourquoi il fut si vite compris des pèlerins d'Yatreb, dont plusieurs dès 620 s'engagèrent par serment à obéir à tout ce que le Prophète ordonnerait de juste (serment d'A-caba) ; pourquoi ses partisans, inquiétés à nouveau dans sa ville natale, cherchèrent un asile auprès des Yatrebites ; pourquoi enfin le Prophète lui-même, frappé dans ses affections les plus chères par la mort de Khadidja, privé de son plus ferme soutien par la mort d'Abou-Taleb, et menacé dans sa vie par Abou-Sophian, successeur de ce dernier, se décide subitement, à demander aux habitants d'Yatreb les consolations et la sécurité que lui refusaient obstinément les habitants de la Mecque (10 juillet 622).

LE POLITIQUE.

Yatreb fit à Mahomet fugitif un accueil enthousiaste. Cet événement, en apparence peu considérable, a pris aux yeux des musulmans une importance capitale. Il est devenu, sous le nom d'hégire « la Fuite », le point de départ de l'ère adoptée par tous les partisans du Prophète et la ville elle-même, en souvenir de cet acte d'hospitalité, qui demeure aux yeux de deux cent millions d'hommes, son plus beau titre de gloire, a reçu le nom vénéré de *Médine*, « la ville par excellence » ou *Médinet-el-Nabi*, « la ville du Prophète ».

La fidélité à ce qu'il regardait comme sa mission divine imposait trois choses à Mahomet réfugié à Médine : l'organisation immédiate du culte nouveau ; le groupement en un seul faisceau de toutes les forces vives de l'Arabie ; là conquête de la Kaaba, centre traditionnel de la patrie des Arabes. Pendant les dix années qu'il vécut encore, le Prophète dépensa à la réalisation de ce grand dessein, tout ce qu'il avait d'énergie, de souplesse, de ténacité.

Son premier soin, en arrivant à Médine, fut, après avoir ordonné l'érection d'une mosquée sur le terrain où s'était arrêtée sa chamelle, de régler minutieusement les pratiques de la religion véritable. C'est alors qu'il fut définitivement arrêté que tout Moslem serait désormais tenu : à prier cinq fois par jour, le visage tourné vers la Mecque ; à sanctifier le vendredi ; à jeûner le mois de ramadan et à payer la dîme en faveur des pauvres.

Au temps de Mahomet, l'Arabie indépendante ne reconnaissait que deux autorités : celle des cheïks, chefs de tribu, et celle des poètes ; l'Arabie sujette obéissait aux princes du Yemen, aux rois de Perse, aux empereurs de Constantinople. Pour réaliser l'unité nationale il était donc indispensable, de plaire aux poètes, de gagner les cheïks, de flatter ou d'effrayer les souverains étrangers.

Le Prophète, par le seul ascendant de son génie, fascina si bien les premiers qu'ils vinrent en foule se ranger sous sa bannière, heureux et fiers de se proclamer ses disciples, et que les plus célèbres d'entre eux, Waraca, Othmar, Omar, Zeïd, Khaled, chantèrent à l'envie ses vertus et ses exploits.

Par une série d'unions scandaleuses mais utiles à ses intérêts, il sut gagner à sa cause les chefs des principales tribus, qui regardèrent comme un très grand honneur de lui donner en mariage, qui sa nièce, qui sa sœur, qui sa fille. A un moment donné, Mahomet, eut, de ce chef seulement, jusqu'à quinze femmes légitimes issues presques toutes des familles les plus influentes de l'Arabie. Enfin par un échange de correspondances diplomatiques, bientôt commenté par une suite d'opérations militaires sur toutes les frontières de l'Arabie indépendante, il s'efforça de faire comprendre à l'empereur des Grecs, au roi des Perses et aux princes de l'Yemen, que l'heure était venu de rendre l'Arabie aux Arabes, et de compter sérieusement avec la puissance redoutable du visionnaire, dont les prétentions les avaient d'abord fait sourire.

Mahomet ne pouvait établir sérieusement son autorité à la Mecque que sur les ruines de celle des Koréïschites ses implacables ennemis. Or les Koréïschites devaient leur puissance, on s'en souvient, à leur double qualité de trafiquants émérites et de desservants attitrés du sanctuaire de la Kaaba. Le plus sûr moyen de les ruiner était donc de supprimer le trafic, et de discréditer le sanctuaire. Les moyens employés par le Prophète pour parvenir à ce double but font plus d'honneur à sa perspicacité qu'à la noblesse de ses sentiments. Etabli dans une cité dont la situation était favorable pour interrompre le commerce de la Syrie avec l'Arabie, il charge ses partisans d'inquiéter toutes les caravanes et d'exterminer sans pitié celles de ses puissants ennemis ; et, pour couper court à toutes les hésitations, il proclame le vol et l'assassinat dignes d'une récompense éternelle quand les victimes sont idolâtres, et fait de la guerre implacable contre les partisans des idoles le plus saint de tous les devoirs. « Le paradis, s'écrie-t-il, est à l'ombre des épées...»

« Une goutte de sang répandue pour la cause de Dieu, une nuit passée sous les armes à ciel découvert, ont plus de mérite que deux mois de jeûnes et de prières. Les péchés de celui qui meurt dans le combat lui sont pardonnés, et ses blessures exhalent un parfum d'ambre et de musc. »

LE CHEF D'ARMÉE.

Injustement attaqués par les partisans du Prophète, transformés pour la circonstance en vulgaires bandits, les Koréischites se défendirent les armes à la main. La guerre éclata entre Médine et la Mecque, une guerre acharnée, à laquelle prirent une part très active, d'un côté, Mahomet en personne à la tête de ses *fidèles*, de l'autre Abou-Sophian à la tête de ses *alliés*. Elle dura neuf ans, compta vingt-sept expéditions commandées par Mahomet, trente-huit dirigées par ses lieutenants, et se termina par la conquête de la Mecque, la soumission de la Péninsule, et la substitution de l'islamisme au culte des idoles.

Le Prophète mena pendant tout ce temps la vie du chef arabe, vie d'aventures, de périls, de pillage et de sang, qui, dans les idées du pays, loin de déshonorer celui qui s'y adonne, le relève et l'ennoblit. Il eut au plus haut degré les qualités du métier, les mauvaises comme les bonnes ; la hardiesse, l'activité, la rapidité des coups, l'art de choisir le terrain, de préparer l'attaque, d'organiser la défense, d'inspirer à ses soldats le fanatisme du courage et le mépris de la mort, comme aussi, l'absence absolue de scrupules sur l'emploi des moyens propres à donner la victoire, la cruauté froide qui décrète les massacres, la noire perfidie qui approuve prépare ou commande les assassinats, la convoitise insatiable qui rend ardent au pillage et âpre au partage du butin. Ses révélations elles-mêmes prennent, à cette époque un caractère essentiellement belliqueux. Le ciel lui envoie, fort à propos, des proclamations militaires ; Gabriel lui dicte ses bulletins de victoires. Est-il vainqueur, comme à la rencontre du puits de *Bedr* (624), comme dans la journée des *Nations* ou du *Fossé* (627) ? le Prophète l'avait bien prédit. Est-il, au contraire, ignominieusement battu, après avoir annoncé bruyamment la victoire, comme au mont Ohod (626) ? le Prophète avait dit vrai et la victoire était certaine ; si elle s'est changée en défaite, il faut s'en prendre aux musulmans dont Allah a voulu, par cet insuccès, punir les hésitations et châtier la désobéissance. Voit-il enfin ses soldats hésiter au moment de livrer un combat décisif ? l'ange est là qui promet, au nom d'Allah, aux vainqueurs un riche butin, aux morts le Paradis de leurs vœux. Par une audacieuse et sacrilège imposture, Mahomet fait ainsi d'Allah, le complice de ses forfaits, et de l'ange Gabriel, l'instigateur ou l'approbateur de tous ses desseins.

LE TRIOMPHATEUR.

En 628, quatre ans après l'ouverture des hostilités, les Koréïschites et leurs alliés font proposer aux musulmans, une trêve de dix ans que ceux-ci s'empressent de signer.

En 629, Mahomet fait à la Kaaba, suivi de deux mille fidèles, une première apparition. Trois jours lui suffisent pour faire ses dévotions, et il repart, comme il était venu, sans bruit. L'année suivante, c'est suivi d'une armée de dix mille hommes qu'il se présente aux portes de la Mecque. Les Koréïschites sonnent l'alarme ; ils sont massacrés. Les principaux citoyens protestent. Mahomet permet à ses

soldats de les assassiner. La ville est à lui ; reste la
Kaaba. Il y court, s'en fait livrer les clefs, baise,
après les cérémonies ordinaires, fort pieusement, la
pierre noire, et livre à ses soldats, une à une, les 360
idoles qui remplissent le temple, avec ordre de les
mettre en pièces. « La vérité est apparue, s'écrie-t-il ;
que le mensonge disparaisse ! » En même temps
ses principaux lieutenants, répandus dans la ville et
dans les environs, abattent les temples, brisent les
idoles, haranguent et terrorisent la foule, et l'entraînent sur la colline de Safa où le Prophète les attend pour recevoir leur serment et leur tendre la
main (630). En moins de quinze jours, tout le Hedjas
se soumet à l'autorité religieuse et royale de Mahomet.

Les deux années qui suivent sont deux années de
triomphe.

En 631, les sédentaires du Nedjed et les nomades
du Nord se rangent en foule sous la bannière du
Prophète. Si nombreuses sont les députations qui
viennent offrir à Mahomet l'adhésion des villes et
des tribus, que l'année 631 n'est connue des musulmans que sous le nom *d'année des députations.*

L'année suivante, 632, le mouvement, jusqu'alors
restreint à l'Arabie indépendante, gagne les provinces soumises. Les tribus du nord-ouest, du sud
et de l'est, s'ébranlent à leur tour, et, méconnaissant
tout à coup l'autorité de leurs chefs respectifs, ac-
clament Mahomet prophète et roi.

Pour rendre ce mouvement plus universel et
plus irrésistible encore, il annonce, pour la fin de
cette même année, un pèlerinage essentiellement
national, destiné à rendre inébranlable l'union de
tous les membres de la famille arabe, et à affirmer
énergiquement le succès croissant de l'islamisme. A

l'heure dite, accoururent à Médine les.délégués des tribus et des peuples convertis. Mahomet s'avança vers la Mecque, suivi de cent mille fidèles. C'est le pèlerinage d'*adieu*. Arrivé à la ville sainte, il accomplit toutes les cérémonies consacrées par l'usage autour de la Kaaba, et se rendit au mont Arafat où il prononça l'allocution célèbre que la tradition nous a conservée. Jamais assurément sa prédication n'avait été plus élevée, plus pathétique. Le Prophète inculque avec éloquence la justice, l'humanité, la bienveillance, la fraternité, *entre tous les musulmans*, les bons procédés envers les femmes, la probité dans les relations de la vie civile. Mahomet avait dès lors le pressentiment de sa mort prochaine. Un Koréïschite à la voix puissante répétait son discours afin que la multitude rassemblée sur le penchant de la colline pût l'entendre. « Je vous laisse, dit-il enfin, une loi qui vous préservera de l'erreur, une loi claire et positive, un livre envoyé d'en haut. » Il termine en criant : « O mon Dieu ! ai-je rempli ma mission ? » Et toutes les voix de répondre : « Oui, tu l'as remplie. »

Mahomet avait en effet accompli son œuvre. En vingt ans d'efforts dont la première moitié ne semblait promettre que des mécomptes il avait créé un peuple, un empire, une religion. Il n'avait plus qu'à mourir.

LE MORIBOND.

C'est en mai 632 que le Prophète ressentit les premières atteintes de la maladie qui devait l'emporter après un mois de souffrances endurées, au dire des musulmans, avec une héroïque patience. M. Caussin de Parceval résume ainsi le récit poétique des historiens arabes : « Une nuit que Mahomet couchait dans l'appartement d'Aïcha, agité par un malaise qui l'empêchait de fermer l'œil, il se leva, éveilla un de ses serviteurs, Abou-Mowahiba, et sortit avec lui. Il se rendit au cimetière *Baki-el-Gharcat.* « Salut, dit-il, habitants des tombeaux ! reposez en paix à l'abri des épreuves qui attendent vos frères ! » Il pria ensuite pendant plusieurs heures pour les âmes des musulmans inhumés en ce lieu. Il était en proie à la fièvre quand il rentra le matin chez Aïcha... De ce moment la fièvre ne le quitta plus...

Une des dernières fois qu'il parut à la mosquée, il entra soutenu par ses cousins Ali et Fadhl fils d'Abbas. Il se plaça sur la chaire, et, après avoir payé à Dieu un tribut de louanges, il parla ainsi : « Musulmans, si j'ai frappé quelqu'un de vous, voici mon dos ; qu'il me frappe. Si quelqu'un a été outragé par moi, qu'il me rende injure pour injure. Si j'ai pris à quelqu'un son bien, tout ce que je possède est à sa disposition ; qu'il reprenne ce qui lui est dû. Qu'on ne craigne pas en cela de s'attirer ma haine, la haine n'est pas dans mon caractère. » Il descendit alors et fit la prière de midi. Puis il remonta en chaire et, comme il répétait les paroles qu'il venait de prononcer, un individu réclama de lui le payement d'une dette de trois dirham, que Mahomet lui restitua aussitôt en disant : « Mieux vaut la honte en ce monde que dans l'autre. » Il pria ensuite pour les musulmans qui avaient péri au combat d'Ohod, et implora en leur faveur le pardon céleste. Il ajouta en faisant allusion à lui-même et à son état : « Dieu a donné à son serviteur le choix entre le monde et le ciel, et le serviteur a choisi le ciel. » A ces mots Abou-Bekr s'écria en pleurant : « Que ne pouvons-nous te conserver au prix de notre vie ! » Mahomet termina son long discours en recommandant aux égards de tout son peuple les musulmans de Médine, les fidèles Amâr : « Honorez et respectez, dit-il, ces hommes qui ont donné asile au Prophète fugitif, et fondé le succès de sa cause. »

Enfin sa maladie ayant fait de nouveaux progrès, il se trouva dans l'impossibilité de passer de sa chambre dans la mosquée pour présider à la prière, bien que sa maison contiguë à la mosquée, y communiquât par une porte. Le crieur Belâl, lui ayant annoncé que l'heure de la prière était venue, il dit : « Qu'on aille avertir Abou-Bekr de faire la prière au peuple. » Abou-Bekr s'acquitta de la fonction d'*Iman* à la place du Prophète, durant trois jours.

Le lundi 12 du mois de rabi 1ᵉʳ (8 juin 632), tandis qu'Abou-Bekr, à la tête de l'assemblée des fidèles réunis dans la mosquée faisait la prière du matin, la porte communiquant avec la maison du Prophète s'ouvrit, et Mahomet s'avança, le front enveloppé d'un bandeau, s'appuyant d'un côté sur Ali, de l'autre sur Fadhl, fils d'Abbas. L'émotion produite par cette vue causa un mouvement dans l'assemblée ; Abou-Bekr interrompit la prière qu'il récitait. Le Prophète s'approchant lui commanda par un geste de continuer, et s'assit à sa droite. Quand la prière fut finie, Mahomet se leva et dit : « Musulmans, de rudes épreuves vous attendent ; elles vont fondre sur vous comme des nuées orageuses : Que le Coran vous serve toujours de guide ! Faites ce qu'il vous prescrit ou vous permet ; évitez ce qu'il vous défend. » Il parlait d'une voix ferme et sonore : sa figure était sereine ; la vie semblait être ranimée en lui. « Apôtre de Dieu, lui dit Abou-Bekr, grâce au ciel, tu es mieux aujourd'hui. Puis-je m'absenter pour aller voir Bint-Khâridja ? » — « Va » lui répondit Mahomet. Abou-Bekr se retira aussitôt, et se rendit au faubourg de Sounh, où Bint-Khâridja, femme de Médine, qu'il avait épousée, habitait parmi ses parents les Benou-el-Hârilh, branche de Khazradj.

Mahomet rentra dans son appartement et y resta seul avec Aïcha. L'effort qu'il venait de faire l'avait épuisé. Il s'étendit sur son lit et demeura affaissé quelques heures. Puis il prononça des mots entrecoupés : « Mon Dieu !... oui... avec le compagnon d'en haut » (l'ange Gabriel). En ce moment, Aïcha, qui tenait sur ses genoux la tête du malade, la sentit s'appesantir. Elle regarda ses yeux ; ils étaient fixes et éteints. Alors elle posa sur un coussin la tête du Prophète, et se mit à gémir et à se frapper le visage. Les autres femmes de Mahomet accoururent, et firent éclater leur douleur de la même manière.

Ainsi disparut de la scène du monde, à l'âge de 63 ans, un des plus troublants génies dont l'histoire fasse mention.

L'HOMME PRIVÉ.

Mahomet était d'une taille moyenne, avait la tête large et forte, la peau brune et colorée, les cheveux d'un noir d'ébène, les yeux grands et vifs, le front large et proéminent, le nez aquilin, les mains et les pieds rudes. Sa charpente osseuse annonçait la vigueur. Au repos, sa physionomie était douce et majestueuse, mais, quand il était en proie à la colère, elle devenait terrible, et on voyait entre ses sourcils une veine se gonfler d'une manière effrayante.

Frugal dans ses repas, jusqu'à se contenter d'un

morceau de pain d'orge, jusqu'à passer deux mois
sans faire du feu, vivant pendant ce temps de dattes
et d'eau claire ; propre toujours mais simple dans sa
mise, au point de trouver trop luxueux les vêtements
de coton ; simple dans ses habitudes, jusqu'à raccom-
moder de ses mains ses vêtements et ses chaussures,
jusqu'à traire ses brebis et faire son ménage, et
cela quand il aurait pu se permettre le faste d'un
roi ; généreux envers les pauvres, jusqu'à les admettre à sa table ; d'une affabilité rare envers les infé-
rieurs, d'une bonté et d'une condescendance exquises,
envers les petits enfants, d'une fidélité inébranlable
à ses amis ; — il eut toutes les qualités naturelles
qui font, d'un simple particulier, la joie de ses
familiers et d'un prince, l'idole de ses sujets.

Mais s'il fut exempt des *défauts* qui rendent la
vie des hommes moins douce et moins commode à
leurs voisins immédiats, nous savons bien qu'il ne
le fut pas des *vices* qui la déshonorent devant Dieu
et devant l'histoire. Il fut, par intérêt, cruel et san-
guinaire jusqu'à l'assassinat brutalement commandé
ou perfidement insinué aux exécuteurs dociles de
ses volontés souveraines. Il fut, quoi qu'on en dise,
fourbe et dissimulé jusqu'au sacrilège le plus scélérat, faisant Dieu et ses anges témoins et complices
de ses impostures.

Enfin sa vie tout entière nous offre ce mélange
hideux de dévotion et de luxure qui est devenu la
caractéristique essentielle d'une religion qui permet aux hommes de placer le harem à l'ombre de la
mosquée. « Les choses de ce monde qui ont pour
moi le plus d'attrait, répétait-il souvent, sont les
femmes et les parfums ; mais je ne goûte de félicité
parfaite que dans la prière. »

L'ÉCRIVAIN.

Mahomet ne savait ni lire ni écrire, du moins il l'assure (XXIX,47) ; mais il savait parler et chanter, ses œuvres le prouvent. Passionné comme il l'était, la plus légère secousse secouait ses nerfs, échauffait son imagination, agitait son âme ; sous le coup d'une émotion vive, quelle qu'en fût d'ailleurs la nature, exaltation religieuse, fièvre patriotique, ou amour sensuel, tout son être tressaillait, il parlait avec animation, improvisait avec éloquence ; et comme autour de lui on croyait à son inspiration, ses paroles, reçues comme des oracles, étaient immédiatement fixées par écrit et, pour ainsi dire, sténographiées sous ses yeux. Le Coran n'est que la collection de ces improvisations recueillies par les disciples du Prophète et réunies en volume par ordre de ses premiers successeurs.

L'authenticité du Coran ou de l'Al-Coran, dont le nom signifie « la lecture » ou « le livre », n'a jamais été sérieusement révoquée en doute. Chacun des fragments qui le constituent représente réellement une des improvisations ou des prétendues révélations du Prophète. Ces fragments appelés *surates* sont de longueur très inégale. Tandis que les derniers ont à peine quatre ou cinq versets, les premiers en comptent plusieurs centaines. Il y en a en tout 114, subdivisés en 6,236 versets. Tous commencent par ces mots : « Au nom de Dieu clément et miséricordieux », généralement précédés d'un titre, souvent bizarre, parfois saugrenu et presque toujours sans rapport avec le contenu du morceau dont il forme l'en-tête.

On dit que l'Al-Coran est le premier et le plus

beau chef-d'œuvre en prose de la littérature arabe ;
tant pis dans ce cas pour la littérature arabe.
Pour quelques rares fragments où l'auteur sait se
montrer tour à tour véhément, pathétique, gra-
cieux, que de chapitres sans souffle, sans relief et
sans couleur ! que de fadeurs, d'incohérences, de
chutes, de répétitions, de contradictions !

« Quand on parcourt ce mélange incohérent de
prières, d'invectives, d'anecdotes, où les louanges
de Dieu les plus belles, et les accents de la conscience la plus pure, sont entremêlés de prescriptions légales, matrimoniales ou hygiéniques, de
contes burlesques, et de sauvages anathèmes, on
ne peut se défendre d'une profonde tristesse
en songeant aux millions d'êtres humains qui
n'ont pour guide dans la vie que cet informe
chaos, et auxquels il cache pour jamais la pure
lumière de l'Evangile. Les récits de la Bible y
sont mutilés et dénaturés, les grandes figures de
l'histoire sainte dont chacun de nous retrouve les
silhouettes colossales gravées au fond de sa mémoire
par les leçons d'une mère, y sont réduites aux proportions des personnages de contes de fées. Souvent
en célébrant les grandeurs divines, Mahomet a
d'heureux mouvements : on sent passer comme un
souffle biblique par lequel on se laisse porter, sans
trop se demander si ce n'est pas de David ou
d'Isaïe que vient l'inspiration : mais le ton ne se
soutient pas ; une chute brusque, souvent puérile
ou ridicule, vous fait descendre des hauteurs où
vous vous croyiez appelé, et retomber lourdement
sur la terre, c'est-à-dire, sur le sable aride du
désert. Aucune suite dans tous ces fragments, aucun
enchaînement, aucune harmonie ; la seule idée
générale qui donne un peu d'unité à cette œuvre

confuse est la croyance au Dieu unique et person-
nel : c'est la seule notion claire et précise ; elle
revient à chaque instant, elle est exprimée avec
force, avec conviction, quelquefois avec grandeur :
il semble que ce soit là la seule idée que cet esprit
lent et illettré, réduit à s'instruire lui-même, soit
parvenu à s'assimiler complètement.

« Il a mis vingt ans à la concevoir : il s'y cram-
ponne comme à une découverte personnelle : elle
lui suffit et lui tient lieu de tout. Ses idées morales
sont loin d'avoir la même précision : confuses par
elles-mêmes, elles sont encore obscurcies par le
voile des passions (1) ». Voilà de nobles et fières
paroles, voilà le jugement du bon sens et de la
vérité que ratifieront, nous n'hésitons pas à le
croire, tous ceux qui se seront imposé la fatigue et
l'ennui de parcourir seulement quelques chapitres
de ce prétendu chef-d'œuvre.

Et cependant, ce livre si pauvre, si monstrueux,
est et demeure pour deux cents millions de créatures humaines, encore aujourd'hui, la règle de la
foi, le code de la morale, le résumé de l'histoire ; et
depuis plus de douze siècles, des nations puissantes
en font la base de leurs lois administratives et poli-
ques. Aux yeux du musulman il est le livre des
livres, livre inspiré par excellence (2), le livre

(1) M. de Vogüé, dans le *Correspondant*. t. 66, p. 614.
(2) « Le ciel, lisons-nous dans le Coran lui-même, le ciel t'a
envoyé le plus excellent des livres. Le Coran est la lumière de
Dieu. Par elle, il dirige les élus. » XXXIX, 24. Et ailleurs :
« Le Coran est l'ouvrage de Dieu. Il confirme la vérité des
écritures qui le précèdent. Il en est l'interprétation. » X, 38. Il
faut confesser, dit le catéchisme Sonnite, « que le Coran est la
parole de Dieu ; qu'il est éternel et incréé. » chap. 1er.

« incréé et éternel.» Plusieurs sectes soutiennent énergiquement cette dernière absurdité. Tout fidèle est obligé d'en faire faire une copie, et le sultan deux, comme fidèle et comme prince. On l'enrichit d'or et de pierreries ; un musulman ne le toucherait pas sans s'être purifié rituellement, et ne le tiendrait jamais, en le lisant, plus bas que la ceinture. Les versets en sont inscrits sur les bannières et sur les palais ; on l'emporte avec soi à la guerre, on le consulte dans les cas douteux, et l'on regarde comme une profanation de le laisser tomber dans les mains des mécréants. Étonnons-nous après cela de la caducité des empires arabes, et de l'infériorité de la civilisation musulmane.

Nous devons cependant faire remarquer, pour être complètement justes, que Mahomet ne porte pas seul la responsabilité de la publication du Coran. Il est même douteux que la pensée de publier son journal politique et religieux lui soit jamais venue. La collection actuelle n'est pas son œuvre ; il mourut ne laissant que des feuillets épars. S'il avait entrepris de les réunir pour en faire un livre, il n'aurait pas manqué d'en faire disparaître les 255 contradictions qui ont tant de fois exercé la patience et la sagacité des commentateurs du Coran ; et il aurait sans doute mis chaque bulletin à la place que lui assignait la date de l'apparition du messager céleste dont il disait le tenir. La collection actuelle, en effet, absolument étrangère à toute idée d'ordre ou de symétrie, fourmille de contradictions, et la raison en est très simple : chaque surate exprime la pensée, la passion, la préoccupation personnelle, politique ou religieuse, qui agitaient l'âme du fondateur de l'Islamisme *à l'heure* où il récitait à ses secrétaires les révélations opportunes de l'ange

Gabriel; et cela seul rend compte de toutes les contradictions. Mahomet n'a jamais eu l'intention arrêtée d'écrire un livre, et les bulletins religieux qu'il a dictés n'ont le plus souvent entre eux d'autre lien que celui des événements successifs qui les lui ont inspirés : et cela suffit à expliquer le décousu et les lacunes du Coran.

Lorsque, en effet, très peu de temps après la mort du Prophète, Abou-Bekr et Omar entreprirent de réunir en un seul volume le récit de ses visions successives, le respect pour sa mémoire interdit tout changement à la rédaction primitive, et l'incertitude où on se trouva, relativement à la date des révélations, fit qu'on se contenta de mettre à la suite les uns des autres, sans aucune préoccupation d'ordre, logique ou chronologique, les 114 chapitres du livre sacré.

La première collection fut faite par le secrétaire de Mahomet, Zaïd-ibn-Thâbit, par ordre d'Abou-Bekr et d'Omar, et pour leur usage. La seconde, par le même, en collaboration avec quelques autres, un peu plus tard. Tous les textes qui n'y trouvèrent pas place furent alors détruits.

LE PROPHÈTE.

A tout propos et hors de propos Mahomet se proclame envoyé de Dieu, et prophète. Il ne parle, il n'agit, il ne commande « qu'au nom du Dieu clément et miséricordieux » dont il se dit constamment le héraut et le vicaire. Les révélations et l'inspiration divines sont, à l'en croire, la source de son savoir, le principe de sa puissance, la règle de sa conduite; et cette affirmation mille fois répétée est si bien entrée dans la conscience de ses disciples, qu'aux

yeux de tout fidèle musulman, la mission divine de
Mahomet est aussi certaine que l'existence même
d'Allah.

Évidemment le musulman se trompe, Mahomet est
un *faux prophète*. Le Coran a de nombreuses pages
qui viennent d'en-bas, pleines de contradictions, de
sottises, d'obscénités. D'ailleurs, c'est une justice à
lui rendre, Mahomet, par un reste de pudeur sans
doute, n'a jamais prétendu au don des miracles.
« Peuples, s'écriait-il, les arguments abondent pour
vous convaincre de la vérité. Je n'emploierai de
prodiges que pour l'effroi des méchants. Ne suis-je
pas un homme comme les autres ? A quoi bon les
miracles ? J'ai été envoyé pour vous inviter à em-
brasser le bien qui vous était offert, et à craindre
le mal qui vous menaçait. Je dis uniquement ce qui
me fut prescrit ; malheur à qui refusera de m'écou-
ter ! » Et cependant sans miracles où est la preuve
d'une mission divine ? A ce point de vue l'œuvre de
Mahomet présentait une lacune sérieuse. Ses disciples le comprirent, pour ainsi dire, d'instinct, et,
moins scrupuleux ou plus logiques que leur maître,
ils associèrent sans hésiter à toutes ses révélations,
à tous ses actes, les prodiges les plus variés. Le récit de ces prodiges remplit la *Sounah*. Les avoir lus,
c'est être fixé à jamais sur la valeur intellectuelle
et morale d'hommes assez dépourvus de sens et de
pudeur pour imaginer de pareils exploits ou simple-
ment pour les prendre au sérieux.

Mais Mahomet n'est pas seulement un faux prophète il est de plus, et dans une large mesure, quoi
qu'en dise le rationalisme contemporain, toujours
prêt à nier ou à excuser l'imposture quand elle a
pour but de nuire à la foi chrétienne, il est de plus

un *prophète faux*, un imposteur. Soyons précis, le sujet en vaut la peine.

Ce qui peut donner tout d'abord quelque apparence de vérité à la thèse chère aux rationalistes, qui fait de Mahomet un visionnaire convaincu, un halluciné victime de ses rêves, un contemplatif souvent trahi par ses nerfs fatigués, ou égaré par son imagination exaltée, mais toujours sincère : c'est l'accent de conviction profonde, avec lequel le Prophète parle de sa foi en un Dieu unique, créateur, rémunérateur, et vengeur ; de sa confiance en la bonté et la providence d'Allah ; de son horreur de l'idolâtrie. Cette foi, assurément le meilleur côté de sa nature, le Prophète trouve pour l'exprimer des accents qui parlent à l'âme, des cris qui vont au cœur. Impossible de lire le Coran sans être frappé de l'ardeur de cette conviction ; elle ne se dément pas un seul instant, elle est communicative et s'impose. Aussi, s'il s'était borné à prêcher pacifiquement le culte du Dieu unique, nous admettrions sans difficulté que Mahomet ait pu prendre au sérieux son rôle de prophète, nous ne verrions même pas de grands inconvénients à concéder, surtout étant données ses prédispositions maladives à un mysticisme exalté, qu'il ait pu se croire visité de Dieu, pour faire triompher sa cause et établir son culte sur les ruines de l'idolâtrie.

Mais Mahomet ne s'en tint pas là. Il fut bien moins un apôtre qu'un conquérant : dès le premier jour il mène de front ses affaires et celles d'Allah, et se préoccupe moins de fonder une religion que d'établir un empire. Comme tous les conquérants, il use de duplicité et de violence. Le désir de réussir l'obsède, et, à ce désir il sacrifie tout, même la vérité, la justice et la morale. A qui fera-t-on croire

qu'un homme intelligent peut se persuader que Dieu
est à ses ordres pour régler surnaturellement les
marches et les contre-marches d'une bande de pillards complices de ses noirs desseins de vengeance,
pour légitimer, par un décret signé de la main d'un
ange, ses rapts, ses adultères, ses vols, ses assassinats ? — Et cependant c'est le rôle misérable et sacrilège que Mahomet ne rougit pas de prêter à Dieu.
Gabriel vient juste à point lui dicter ses manifestes
et ses bulletins de victoire, approuver ses crimes,
régler même, quand il le faut, ses affaires de
ménage (surates 33, 53 et 66). — La sincérité
dans de pareilles circonstances ne se conçoit que
comme une des formes de la folie. Plaider la bonne
foi absolue de Mahomet, c'est plaider son inconscience et à cette inconscience nous ne croyons pas.
Il a donné en sa vie trop de preuves d'intelligence
pour qu'il soit permis de le regarder comme un fou.
Il s'est donc condamné lui-même quand il a écrit :
« Quelle impiété que de faire Dieu complice d'un
mensonge, que de s'attribuer des révélations que
l'on n'a pas, que de dire : Je ferai descendre un
livre égal à celui que Dieu envoya ! vi, 93. »

DEUXIÈME PARTIE.

L'ŒUVRE DE MAHOMET.

Sommaire : Une erreur fondamentale : confusion des deux pouvoirs. — Une lacune essentielle : l'héritage du Prophète. —
Trois partis irréductibles : séparés, hérétiques et orthodoxes. — Polygamie et esclavage. — Les dogmes de la théologie musulmane. — Les « piliers de l'islamisme. » — Le
chef-d'œuvre du génie du mal.

L'œuvre de Mahomet a reçu de son auteur lui-
même le nom d'Islam (1) qui veut dire « abandon » à
Dieu. En réalité, cette œuvre est double. Elle comprend avec les institutions et les lois qui ont fondé
la nation arabe, les dogmes et les pratiques qui constituent la religion musulmane. En d'autres termes,
le roi-prophète Mahomet a créé une législation et
une théologie. Impossible, par conséquent de porter
sur l'Islam un jugement éclairé et équitable sans
avoir pris une connaissance sérieuse des prescriptions légales et des enseignements théologiques de
son fondateur.

Où puiser cette connaissance ? Dans le Coran qui
a posé les bases de la science juridique et théologi-

---

(1) Les partisans de l'Islam — nom verbal qui signifie abandon — prirent de bonne heure le nom de Moslim, au pluriel
Moslemin dont nous avons fait, après les Persans et les Turcs,
Musulman — forme participe pluriel d'Islam, les « Abandonnés »
les « Soumis » à Dieu.

que des musulmans; dans la Sonnah (1), qui a af-
fermi en les complétant les premières assises de
cette science sacrée; dans l'histoire qui nous fait assister à son évolution, et dans les écrits des docteurs
qui en ont exposé avec méthode, les principes et les
conséquences (2).

UNE ERREUR FONDAMENTALE.

Ce qui caractérise essentiellement l'œuvre de Mahomet, et en donne, en définitive, la note spécifique,
c'est la confusion et même, à proprement parler,
l'identification des deux pouvoirs, spirituel et temporel, des deux sociétés, civile et religieuse. Aux
yeux du Prophète, en effet, aussi bien qu'aux yeux
de ses disciples, l'organisation sociale fait partie de
la constitution religieuse, et Allah n'apporte pas
moins de soin à régler les questions d'administra-
tion ou d'hygiène qu'à résoudre les problèmes de

---

(1) Ce mot arabe signifie proprement seconde loi, loi orale ou
tradition. Elle est censée contenir l'enseignement oral du Prophète recueilli par ses disciples et destiné à compléter et à expliquer l'enseignement divin écrit dans le Coran. En somme,
la Sonnah est, pour le musulman, ce que la Mischna est pour le
juif, ce que la Tradition est pour le catholique, le supplément
et le commentaire du livre inspiré.

(2) L'ensemble de la législation civile et religieuse des musulmans, désignée sous le nom de *Chériat* se compose de quatre parties : le Coran, la Sonnah, l'Idjmâ-i-Ummet, recueil des
décisions rendues sur certains points de droit ou de religion
par les premiers Khalifes, et le Qiyas, qui est une très vaste
collection de décisions de jurisprudence.

théologie dogmatique ou morale. La société musulmane essentiellement théocratique n'a jamais distin-
gué l'Eglise de l'Etat : institutions et lois civiles,
dogmes et préceptes religieux, tout vient d'Allah,
partant tout est sacré, inflexible, immuable, et un
point quelconque de discipline revêt le caractère in-
violable d'une institution divine (1).

Or il y a dans cette façon de concevoir le droit civil une erreur et un péril.

Il y a une erreur fondamentale, car faire d'une
prescription légale destinée à régler les rapports ci-
vils ou politiques des hommes entre eux, une chose
froide et rigide, stable comme une vérité ou immobile comme une erreur, c'est se tromper du tout au
tout sur la nature même du droit, qui, destiné à
contenir et à diriger la vie pratique, doit être comme cette dernière, souple, changeante et immobile.

Il y a un péril de mort pour la société ; car à vou-
loir ainsi emprisonner la vie d'un peuple dans des
formules légales inflexibles comme des dogmes on
court le risque non seulement de la comprimer et
de l'étioler, mais de l'étouffer et de l'éteindre.

(1) « Jamais religion ne sut lier ses disciples de chaînes plus
solides et rattacher plus étroitement aux prescriptions religieuses, les moindres faits de la vie civile ou sociale. Le Koran
est tout à la fois le code religieux, le code international, le code
civil et le code pénal des musulmans. Il a donné l'unité de lan-
gue, d'organisation civile et sociale à des populations qui diffé-
raient par la race et le passé. Pour les populations qui l'ont
adopté, la communauté de religion a remplacé la communauté
d'origine et tenu lieu aux sémites du principe de nationalité qui
semble incompatible avec leurs habitudes nomades et leurs
mœurs patriarcales. » Germain SABATIER, *Études sur les réfor-
mes algériennes*, Oran, 1891.

L'humanité a payé cher cette erreur du mahométisme. Les institutions musulmanes imposées par la
violence aux peuples les plus divers ont eu pour
résultat de les stériliser tous, dans la mesure même
où ils les ont subies. Les nations jadis si puissantes
de l'Afrique septentrionale, de l'Asie occidentale et
de la péninsule des Balkans sont mortes ou agonisent
dans l'étroite et obscure prison de la société musulmane. Des peuples admirablement doués, et très
capables de s'élever d'un pas ferme et rapide jusqu'aux plus hauts sommets de la civilisation, les arabes, les persans, les berbères, les turcs, ont tout à
coup perdu, après une courte période de prospérité
militaire, principalement à cause des difficultés insurmontables que leur ont suscitées la constitution
théocratique et la législation inflexible imposées à ses
fidèles par Mahomet, tout ressort, toute initiative, et
jusqu'à la notion même du mouvement et du progrès.
Seuls, les peuples arriérés ou dégénérés, les nègres,
les malais, les hindous, les chinois, font un pas en
avant en entrant dans la société musulmane. C'est au

(1) « L'Islamisme, dit M. Tiele, n'a trouvé de disciples véritables et zélés que chez des peuples peu développés, tels que les
populations chrétiennes à la surface, de l'Egypte, de l'Afrique du
nord, et de l'Espagne, chez les berbères, les nègres, les malais et
les turcs. En Perse et aux Indes, il ne triompha que par la
force. Les persans ont toujours passé pour hérétiques, et les musulmans hindous ne se distinguent souvent des brahmanistes
que par quelques formes. Né chez un peuple tardivement développé, s'il est la plus jeune des religions universelles, il est également la moins élevée. Pendant une courte période seulement,
il a, à la faveur des circonstances, et en opposition avec ses
propres principes, donné naissance à une civilisation plus haute.
Appliqué en toute rigueur il est destructif de toute civilisation. »
Manuel de l'hist. des Religions 145-6.

reste le premier et le dernier qu'ils font sur la route
du progrès.

L'Islamisme tend à tout égaliser, les grands, les
petits, les civilisés et les barbares, dans l'inertie, la
médiocrité, le sommeil, ou la mort; car l'idéal social
que lui a imposé le Prophète le condamne à amener
les uns, à ramener les autres et à les enfermer tous
de force, dans les limites étroites de la civilisation
informe et rudimentaire des arabes du VII° siècle,
dont Mahomet a *canonisé* les institutions, modifiées
et complétées par lui, au nom de Dieu, pour toujours.

UNE LACUNE ESSENTIELLE.

L'erreur que nous venons de décrire frappe d'une
irrémédiable stérilité la société musulmane; la lacune que nous allons signaler la condamne à d'iné-
vitables et interminables querelles. Le Coran, si
explicite sur la mission du Prophète, ne mentionne
même pas celle de ses successeurs. De son vivant
Mahomet sera prophète, pontife et roi; le livre sacré
nous répète sur tous les tons que le fondateur de
l'Islam est l'envoyé de Dieu, le chef de la prière, et
le conducteur du peuple; c'est entendu. Mais pour
être tout cela, Mahomet n'est pas immortel. Lui mort,
qui prendra sa place? Il réunit en sa personne les
pouvoirs les plus variés. Des trois dignités qu'il se
donne, la première, celle de *prophète*, est, de sa nature, extraordinaire; la seconde, celle de *pontife* est
le plus souvent élective; la troisième, celle de *roi*,
ordinairement héréditaire. L'Islam aura-t-il toujours
à sa tête un prophète, pontife et roi? Y aura-t-il
seulement des prophètes après Mahomet?

La mission politico-religieuse de ce dernier serat-elle continuée par un seul héritier de sa puissance ou par plusieurs? Cet héritage, qui en réglera la transmission? un décret divin, le choix libre des fidèles, ou le droit de la naissance?

Mahomet s'est-il posé ces graves questions? Il y a tout lieu de le penser. Les a-t-il résolues? Non. Du moins le silence du Coran nous autorise à le croire. Et cependant une société ne peut pas vivre sans résoudre d'une façon ou d'une autre ces problèmes essentiels. Pour n'avoir pas su ou voulu les résoudre à temps, Mahomet a laissé toute grande ouverte la porte aux schismes et aux hérésies. Son silence a condamné son œuvre aux déchirements les plus douloureux, et donné naissance, au sein de l'Islamisme, à trois partis irréductibles, à trois factions irréconciliables dont les sanglantes querelles eurent presque toujours pour objet ou pour prétexte, la question fondamentale de la succession du Prophète. Ces trois partis sont celui des sonnites ou « orthodoxes, » celui des schiites ou « hérétiques » et celui des kharidjites ou « séparés. »

TROIS PARTIS IRRÉDUCTIBLES.

Les *kharidjites* ne reconnaissent à personne le droit natif de commander aux croyants. En principe l'Imanât n'est ni essentiel ni même utile à l'Islam. Que si les circonstances en imposent provisoirement le maintien, le titulaire en sera choisi par tous, sans distinction, ni de tribu, ni de classe, ni de race. L'iman pourra être indistinctement ou un nabatien ou un koréïschite, un esclave ou un homme libre, un arabe ou un syrien, pourvu seulement qu'il soit honnête et juste. Les kharidjites sont, comme on

le voit, les *républicains* et les *démocrates* de l'Islamisme. Leur parti triompha momentanément en Arabie à la mort du Prophète. Vaincus et traqués par
les premiers khalifes, ils cherchèrent un asile dans
la province persane du Khouristan où ils défendirent
courageusement leur indépendance contre les entre-
prises des omniades et des abbassides. Plus tard, leurs
doctrines se répandirent chez les berbères qui les
reçurent avidement.

Les Schiites soutiennent que le souverain Imanât,
dignité qui comprend toute l'autorité spirituelle et
temporelle sur les musulmans, appartient de droit
divin à Ali et à ses descendants. Ce qui distingue
le véritable schiite de tous les autres mahométans, et
notamment des sonnites, c'est bien moins le rejet de
la « Tradition » que le « culte » d'Ali et de sa femme
Fatime. Le rejet de la « Tradition, » en effet, n'a
jamais été, chez les schiites, ni universel, ni absolu,
et plus d'un savant schiite a rivalisé avec les savants
sonnites sur l'exégèse du droit et du Coran, confor-
mément à la tradition du Prophète. Le culte d'Ali,
au contraire, est commun à tous les partisans de la
secte. Les ultra-schiites l'ont poussé jusqu'à l'adora-
tion ; les schiites modérés, l'ont maintenu dans les
limites du respect dû au gendre et à l'héritier du
Prophète, au Weli ou favori d'Allah. Les premiers
ont donné en plein dans toutes les extravagances d'un
panthéisme nébuleux, d'un mysticisme exalté et
même féroce. Les seconds, plus sensés et plus pratiques, se sont le plus souvent contentés de provoquer
des mouvements politiques contre tous les adversaires
des descendants réels ou supposés d'Ali. — Les schiites sont donc les défenseurs convaincus du droit
divin, les *légitimistes* de l'Islamisme. A leurs yeux,
il n'y a et il ne peut y avoir d'imans véritables que

les alides, fils d'Ali et de Fatime, et, comme la des-
cendance d'Ali s'est éteinte en la personne de son
douzième successeur, Mohammed *Madhi*, mystérieu-
sement enlevé dans sa douzième année, par ordre
d'Allah, et déposé dans une caverne où il attend,
sans mourir, l'heure assignée par la Providence à
son retour victorieux, tous les chefs que l'Islam
s'est donnés depuis l'an 880, date de ce merveilleux
enlèvement, jusqu'à nos jours, khalifes de Damas,
khalifes de Bagdad, sultans de Constantinople, tous,
sans exception, sont des intrus, des usurpateurs sa-
crilèges d'une dignité réservée par Dieu lui-même
aux descendants du Prophète. Leur résister est toujours un droit ; les combattre était un devoir, tant
que vécurent les alides ; les convertir ou les exterminer sera l'œuvre du Mahdi quand il viendra, sur
le tard du monde, joindre ses forces à celles de
Jésus, pour lutter contre l'Antéchrist, et faire des
deux lois chrétienne et musulmane, une seule loi. Ce
rêve a pris corps sous nos yeux dans la personne du
grand agitateur du Soudan, dit le Mahdi. Le repré-
sentant officiel et le défenseur né de la *Schiya* est le
shah de Perse.

Les *Sonnites* ou « orthodoxes », tout en reconnais-
sant que l'Imanât est perpétuel et que celui qui en
est régulièrement investi tient directement d'Allah
son double pouvoir, spirituel et temporel, refusent
d'admettre la désignation surnaturelle et l'irrévoca-
bilité de l'Iman. Celui-ci est l'élu, non d'Allah, mais
du peuple à qui Allah lui-même a conféré le double
privilège de choisir le fidèle dont il fera un iman,
et de déposer l'iman dont l'inconduite ou l'impiété
compromettraient les intérêts des fidèles.

De tout temps le chef des « orthodoxes » a porté
le nom de khalife ou « vicaire ». Le khalifat électif

jusqu'à Ali, quatrième successeur de Mahomet, devint héréditaire à la mort de ce dernier. Depuis ce temps il a passé, des omniades (660) aux abbassides (750) et des abbassides aux sultans de Constantinople (1538), en sorte que, à l'heure présente, Abdul-Hamid, est regardé comme le chef de l'Islamisme par tous les princes et tous les peuples orthodoxes, y compris les chérifs de la Mecque et ceux du Maroc qui passent pour descendre de Mahomet.

Polygamie et esclavage.

Aux erreurs et aux lacunes qui déparent et déshonorent le droit public musulman, viennent s'ajouter sur le terrain du droit privé, d'autres erreurs ou d'autres lacunes qui n'ont pas moins contribué que les précédentes, à faire de la société islamique une des plus aviliès et des plus misérables dont l'histoire garde le souvenir. Nous avons nommé la polygamie et l'esclavage.

L'Islamisme n'a pas créé ces deux plaies hideuses, qui de tout temps ont rongé les sociétés de l'Orient, mais il les a *maintenues*, *perpétuées* et *propagées* et il demeure, par conséquent, responsable des maux qu'elles entraînent fatalement à leur suite : affaissement de la moralité publique, empoisonnement de la vie domestique, désorganisation de la société.

Sur plus d'un point, nous devons l'avouer, le Prophète améliora le sort et releva l'état de la femme arabe. Avant lui, sa situation était affreuse : fille, on pouvait l'enterrer vivante, et on lui refusait tout droit à l'héritage paternel ; femme, elle n'avait que des charges, et recevait en nombre illimité des compagnes de servitude et d'ignominie ; veuve, elle faisait partie de l'héritage marital. Mahomet fit un de-

voir à ses fidèles de respecter et d'assurer la vie de
leurs filles (IV, v. 12), de respecter et d'aimer leurs
femmes (II, 228), d'assurer par des dispositions tes-
tamentaires l'avenir de leurs veuves (II, 2I1; IV, 14),
d'honorer leur mère surtout. « O musulmans, s'écrie-
t-il, respectez les entrailles qui vous ont portés. Le
baiser donné par un enfant à sa mère, égale en douceur celui que nous imprimerons sur le seuil du paradis. Un fils gagne le paradis aux pieds de sa mère. »
Il réduisit à quatre le nombre auparavant illimité
des épouses qu'un Arabe pouvait prendre, et conseilla
même comme un acte louable de se borner à une
seule. « Si vous craignez, dit-il, d'être injustes
envers les orphelins, n'épousez parmi les femmes
qui vous plaisent que deux, trois ou quatre. Si vous
craignez encore d'être injustes, n'en épousez
qu'une. » (IV, 3.)

Toutes ces améliorations sont cependant plus ap-
parentes que réelles. Si le Coran limite le nombre
des épouses légitimes à quatre, il permet au croyant
de prendre un nombre indéterminé de concubines.
On n'a pas oublié les tristes exemples des dé-
bauches légués par le Prophète lui-même à ses partisans comme une excuse à leurs plus crapuleuses
passions. Mahomet, en réalité n'améliora le sort de
la femme qu'au point de vue des intérêts matériels;
sur tous les autres points il la condamne, pour jamais, à l'incapacité, à la servitude morale et intellectuelle. Avant lui, elle était traitée comme un
animal; il en fit un instrument de plaisir et la réduisit au rôle de meuble du harem. « Aux yeux de
l'Islamisme, la femme est l'inférieure de l'homme, et
par conséquent, doit lui être soumise et doit être
éloignée de toutes les fonctions qui veillent aux intérêts et aux affaires de la société. » Pierron. —

« Elle ne réussira pas, la nation qui mettra une femme à la tête de ses affaires » dit le Coran. « Garde-toi de prendre conseil des femmes » s'écrie le khalife Ali.

« Il n'y a ni princes, ni mendiants dans l'Islamisme, disait le premier khalife, il n'y a que des musulmans ». L'esclave serait-il donc chez les mahométans, l'égal de son maître, et l'Islamisme aurait-il proclamé et rendu obligatoire le dogme chrétien de l'égalité, de la liberté, de la fraternité ? Remarquons d'abord que le khalife ne parle que « des musulmans. » L'infidèle ne saurait, en effet, en aucun cas, prétendre à l'égalité avec le fidèle et, pratiquement, lorsque la passion ou l'intérêt le lui conseillent, le vrai musulman, ne se fait aucun scrupule d'asservir les « ennemis » ou les « étrangers ».

L'esclavagisme est, pour ainsi dire, le produit naturel de l'orgueil et du sensualisme des vrais disciples du Prophète. L'histoire, en effet, nous montre ces derniers toujours prêts à toutes les chasses, à toutes les guerres, à tous les marchés, pour peupler leurs palais de femmes blanches et d'esclaves nègres. Aujourd'hui encore « tous les souverains musulmans indépendants de l'Afrique pratiquent l'esclavagisme ; tous les chefs esclavagistes sont musulmans ; tous les musulmans sont prêts, lorsqu'ils le peuvent sans péril, à acheter et à vendre des esclaves ; la Turquie elle-même ne l'empêche que pour la forme et très imparfaitement dans ses provinces d'Afrique et d'A ie ; les interprètes du Coran ne condamnent pas l'esclavagisme ; les juges musulmans, qui jugent d'après le Coran, ne se prononcent jamais contre lui. » Ceci dit, nous reconnaissons que l'Islamime recommande envers les esclaves la douceur et l'humanité.

LES DOGMES DE LA THÉOLOGIE MUSULMANE.

La théologie musulmane comprend : des dogmes,
al-iman, — des préceptes, *ad-din*, — et un certain
nombre de pratiques consacrées par l'usage. Les
dogmes sont au nombre de six. Tout musulman, en
effet, doit croire et confesser qu'il y a : un Dieu ; des
anges ; des Livres inspirés ; des Prophètes ; une
autre vie, et une Table des décrets divins.

1º *Allah*, le Dieu de Mahomet, est le Dieu véritable, l'Unique, l'Eternel, l'Infini, conscient, per-
sonnel, créateur et providence. « Dieu est le seul
Dieu, le Dieu vivant et éternel. Il possède ce qui est
dans les cieux et sur la terre. Il sait ce qui était
avant le monde et ce qui sera après. Les hommes
ne connaissent de sa majesté suprême que ce qu'il
veut bien leur en apprendre. Il conserve sans effort
la création entière. Il est le Dieu grand, le Dieu très-
haut. II, 255. Quand tous les arbres seraient des
plumes, quand sept océans réunis rouleraient des flots
d'encre, ils ne suffiraient pas pour tracer les mer-
veilles du Tout-Puissant, XXXI, 26. Il est la vérité
suprême. Les autres dieux qu'on invoque ne sont
que mensonge, XXII, 61. Il commande, et le néant
s'anime à sa voix, XIX, 37. Veut-il produire quelque
ouvrage, il dit: Sois fait, et il est fait, II, 111. Il crée
ce qu'il désire, parce que rien ne limite sa puissance, XXIV, 44. Nous avons tiré tous les êtres du
néant c'est une vérité incontestable, XLIV, 38, 39.
L'Orient et l'Occident appartiennent à Dieu. Vers
quelque lieu que se tournent vos regards, vous
rencontrerez sa face. Il remplit l'univers de son
immensité et de sa science, II, 109. Soit que vous
cachiez ce qui est dans vos cœurs, soit que vous le

produisiez au grand jour, Dieu le saura, III, 27. Si
trois personnes s'entretiennent ensemble, il est
le quatrième..... quelque nombre qu'on soit, en
quelque lieu qu'on se trouve, il est toujours
présent, LVIII, 8. N'as-tu pas vu combien Dieu
abaisse les nuages qui versent la pluie ! Comment
il la rassemble en ruisseaux qui coulent à travers
les campagnes ? L'eau pénètre dans le sein de la
terre et fait éclore les plantes, dont les couleurs sont
variées à l'infini. La chaleur jaunit les moissons.
Elles tombent sous le tranchant de la faux. Tous
ces effets servent à l'instruction du sage, XXXIX, 22.
Les clés du ciel et de la terre sont dans ses mains.
Il dispense ou retire ses trésors à son gré, XLII, 10.
Tout ce qui est dans les cieux et sur la terre rend
à l'Eternel un hommage volontaire ou forcé.
L'ombre du soir et du matin l'adore, XII, 17. Le
tonnerre célèbre ses louanges, XIII, 14. Tout ce que
renferme l'univers publie ses grandeurs ; mais vous
ne sauriez comprendre leurs cantiques, XVII, 46.

2° *Malaïkah*, les anges de l'Islam, soustraits par leur
nature aux exigences des sens — ils ne mangent
ni ne boivent et ne sont d'aucun sexe, XXXVII, 150,
— remplissent la double mission de messagers de
Dieu et de gardiens des hommes. « Les anges sont
les messagers de Dieu, XXXV, 1. Ils ne dédaignent
point de s'humilier devant lui, et ne se lassent point
de l'adorer, XXI, 19. L'homme est environné d'anges
qui se succèdent sans cesse. Dieu les a chargés de
veiller à sa conservation, XIII, 12. Chacun a un ange
gardien qui l'observe (1), LXXXVI, 4. Parmi les Esprits,

(1) Il a mission de veiller sur l'homme et d'écrire ses actions.
Pour ce motif, on le nomme, dit le catéchisme sonnite, *ange
gardien* et *écrivain indulgent*. p. 135.

les uns sont bons, les autres mauvais. A la tête des premiers brillent, Gabriel ministre des vengeances célestes, Azraïl chargé de recevoir l'âme des hommes à leur dernier soupir, et Israfil qui tient en main la trompette du jugement suprême ; les derniers sont gouvernés par Satan ou Iblis — *Diabolos* — « Satan est l'ennemi de l'homme, XII, 5. Oppose à ses pièges l'assistance du Très-Haut, VII, 199. Si le tentateur te sollicite au crime, cherche un asile dans le sein de Dieu ; il voit et entend, XLI, 36. Satan n'a point de pouvoir sur le croyant qui met sa confiance en Dieu, XVI, 101 ; mais il est le patron des incrédules. Il les conduit de la lumière dans les ténèbres, et ils seront précipités dans un feu éternel, II , 258. Les esprits mauvais peuvent revenir à résipiscence et Mahomet passe pour en avoir converti plusieurs.

3° Dieu, au dire de Mahomet, a souvent communiqué par écrit sa volonté aux hommes. Les *livres* sacrés ou divins, envoyés du ciel aux prophètes par l'entremise de Gabriel seraient, de l'avis des docteurs musulmans, au nombre de cent quatre. Mais au-dessus de ces écrits sacrés, tous vrais d'ailleurs et parfaitement authentiques, se place le « livre » par excellence, dicté par Gabriel au prophète Mahomet. Le Coran, le dernier promulgué bien que le premier composé, puisqu'il est éternel et incréé comme la parole même de Dieu, surpasse en perfection et peut avantageusement remplacer tous les autres, et lui-même ne sera jamais, ni abrogé ni changé.

Les plus excellents des livres divins, après le Coran sont : l'Evangile, *Injil,* envoyé au prophète Jésus ; le Pentateuque, *Taurah,* remis à Moïse ; et le Psautier, *Zabra,* donné à David. Puis viennent les livres révélés à Adam, au nombre de dix ; à Enoch, au nombre de 30 ; à Seth, au nombre de cinquante ;

à Abraham, au nombre de dix. « Nous donnâmes à Abraham, à Isaac, à Jacob, et à leurs descendants, les prophéties et les écritures, xix, 26. Nous révélâmes le Pentateuque à Moïse, pour conduire les enfants d'Israël, et nous leur défendîmes de rechercher d'autre protection que celle de Dieu, xvi, 2. C'est à sa lumière que doit marcher le peuple hébreu, xxxii, 23. Nous élevâmes les prophètes les uns au-dessus des autres. Nous donnâmes à David le livre des psaumes, xvii, 57. — L'Evangile est le flambeau de la foi, et met le sceau à la vérité des anciennes Ecritures. Ce livre éclaire et instruit ceux qui craignent le Seigneur. Les chrétiens seront jugés d'après l'Evangile. Ceux qui les jugeront autrement seront prévaricateurs, v, 51, 52.

4º De tout temps Dieu s'est servi pour notifier aux hommes ses desseins et ses volontés du ministère de créatures privilégiées, par lui investies d'une mission surnaturelle, et universellement connues sous les noms de *Nabi* ou prophètes, et de *Rasoul* ou apôtres. « Tous les peuples eurent des prophètes qui les jugèrent avec équité, x, 48. Il n'est pas de nation qui n'ait eu son apôtre, xxxv, 22.

De tous les Nabis, au fond, la mission est identique. « Tous les prophètes qui t'ont devancé reçurent cette révélation : Je suis le Dieu unique ; adorez-moi, xxi, 24. De tous, l'autorité s'impose avec une égale évidence. « Ceux qui, rebelles à Dieu et à ses envoyés, veulent mettre de la différence entre eux, croyant aux uns et niant la mission des autres, se font une religion arbitraire ; ceux-là sont les vrais infidèles, destinés à subir un supplice ignominieux. Mais ceux qui croiront en Dieu et en ses envoyés indistinctement seront récompensés, iv, 149-151. Pour nous, musulmans, nous ne mettons point de diffé-

rence entre eux, II, 224. La paix soit avec vous tous
les ministres du Seigneur, XXXVII, 182. Mahomet fixe
à cent-vingt-quatre mille le nombre des prophètes
d'Allah. Il se donne comme l'un d'entre eux; mais
ses disciples le proclament le dernier et le plus
grand de tous. Ceux qui l'ont précédé, n'ayant qu'une
mission locale et temporaire, ne s'adressaient qu'à
leur peuple et prêchaient une religion provisoire
qu'Allah se réservait de modifier selon le besoin des
temps et des lieux. Lui, au contraire, investi d'une
mission universelle et définitive, prophète des prophètes, est le Rasoul et le Nabi des hommes et des esprits, et sa loi subsistera jusqu'à la fin du monde.

Après Mahomet, les plus grands parmi les prophètes sont : Adam, « le pur en Dieu »; Noé, « le
sauvé par Dieu »; Abraham, « l'ami de Dieu »; Moïse,
« la parole de Dieu »; David, « le vicaire de Dieu »;
Jésus, « l'esprit et le Verbe de Dieu ». Le Coran
admet la naissance surnaturelle du Sauveur. Il
est né d'une mère vierge, purifiée, élue entre
toutes les femmes, ce sont les expressions mêmes
du texte sacré : «Chante la gloire de Marie qui
conservera sa virginité. Nous soufflâmes sur elle
notre esprit. Elle et son fils furent l'admiration de
l'Univers, XXI, 22. L'ange dit à Marie : Dieu t'a choi-
sie, il t'a purifiée (1); tu es élue entre toutes les femmes. Sois dévouée au Seigneur, adore-le, courbe-toi
devant lui avec ses serviteurs, III, 37, 38. Gabriel

---

(1) « Hossaïn Vaz, commentateur persan du Coran, et les autres glossateurs entendent par ce mot l'Immaculée-Conception
de la Sainte-Vierge. On cite aussi un hâdis d'après lequel Mahomet aurait dit : « Tout homme que sa mère met au monde
est souffleté par Satan, excepté Marie et son fils. » Garcin de
Tassy, p. 50.

lui transmit le souffle divin. Elle crut à la parole
du Seigneur, aux Ecritures, et fut obéissante, LXVI,
12. — Jésus, lui, est un grand prophète et un thau-
maturge divin : « Jésus est envoyé du Très-Haut,
son verbe et son souffle, IV, 168. Nous accordâmes
à Jésus, Fils de Marie, la puissance des miracles ;
nous le fortifiâmes par notre esprit, II, 81 et 253.
Mais il n'est pas le fils de Dieu ; c'était un homme
au sens strict du mot : « Jésus est aux yeux du Très-
Haut un homme comme Adam, III, 52; c'était un
simple envoyé d'Allah ! « Le Messie n'est que le ministre du Très-Haut : d'autres envoyés l'ont précédé,
V, 80. D'ailleurs Jésus, n'atteste-t-il pas, en parlant
de lui-même, qu'il n'est rien de plus qu'un serviteur de la divinité, et ne déclare-t-il pas ouvertement que ce n'est pas lui, mais Dieu qui est omni-
scient? « O Jésus, Fils de Marie, lui dira Allah, au
jour du jugement, as-tu dit aux hommes : prenez-
moi avec ma mère pour dieux à côté de Dieu ? » Et
Jésus répondra : « Loin de moi cette pensée ! comment pourrais-je prétendre à un nom qui ne m'appartient pas ? » V, 118, 119. On ne voit pas bien clairement si le Coran admet l'Ascension ; quant aux
miracles, Jésus en a fait un grand nombre ; il en ac-
complissait déjà, quand sa mère le nourrissait encore, et plus tard il ressuscita des morts. Au surplus, ce
n'est pas lui qui a été crucifié, mais un homme qu'on
prit pour lui. Le principal objet de sa doctrine était,
comme pour tous les prophètes, d'annoncer l'unité
de Dieu.

5º Sur la *vie future*, le Prophète s'est contenté
de faire siennes les principales données de la tradition chrétienne. Il enseigne de la façon la plus for-
melle la survivance et l'immortalité de l'âme : « A
la mort, l'âme est portée devant l'Eternel, LXXV, 30.

Ne croyez pas que ceux qui ont succombé dans
le combat soient morts ; au contraire, ils vivent et
reçoivent leur nourriture des mains du Tout-Puissant, III, 162 ; — il enseigne la résurrection de la chair
au jour terrible du jugement dernier : « Malheur
à ceux qui nient la résurrection ! L'impie et le
scélérat rejettent seuls cette vérité, LXXXIII, 11.
Dieu a créé tout le genre humain dans un seul
homme. La résurrection universelle ne lui coûtera
pas davantage, XXXI, 27. Considérez la terre que la
sécheresse a rendue stérile. Nous y versons la pluie.
Son sein s'émeut, et elle produit toutes les plantes
qui composent sa richesse et sa parure. Ces mer-
veilles s'opèrent, parce que Dieu est la vérité, parce
qu'il donne la vie aux morts et que sa puissance
embrasse l'univers. L'heure viendra ; on ne peut en
douter. Dieu ranimera les cendres qui sont dans les
tombeaux, XXII, 5-7.

Il croit à l'existence d'un purgatoire où les fidèles
surpris par la mort expient leurs péchés : « Une
barrière s'élèvera entre les élus et les réprouvés.
Là seront des hommes qui, malgré l'ardeur de leurs
désirs, ne pourront entrer dans le Paradis. Lorsqu'ils
tourneront leurs regards vers les victimes du feu, ils
s'écrieront : Seigneur, ne nous précipite pas avec les
pervers, VII, 44, 45 ; et la tradition musulmane
ajoute que ces infortunés reçoivent soulagement des
prières et des aumônes que font pour eux leurs frères
vivants.

Il prêche un enfer de feu éternel où les infidèles
et les démons endurent, sans espérance, des supplices
proportionnés à leurs crimes : « Qui pourrait décrire l'enfer, cet abîme épouvantable ? CIV, 5, Dieu
rassemblera les scélérats et les livrera au tourment

des flammes. Leur perte sera consommée, VIII, 98. Ils recevront la peine de leur crime ; l'opprobre les couvrira ; ils n'auront point d'intercesseurs auprès de Dieu. Un voile semblable à la nuit ténébreuse enveloppera leurs visages. Ils seront les victimes d'un feu éternel, X, 28.

Il annonce enfin un paradis de délices où tous les fidèles jouiront, sans craindre de le perdre jamais, d'un bonheur égal à leurs désirs et à leurs mérites : « Une récompense magnifique sera la récompense des bienfaisants. La noirceur et la honte ne voileront point leur front ; ils habiteront éternellement le séjour des célestes voluptés X, 36, 37. Que sont les biens terrestres en comparaison des plaisirs du ciel ? IX, 38. Les récompenses seront proportionnées aux mérites, VI, 132. La piété ouvrira les portes du paradis, XXVI, 90. Les justes reposeront dans les jardins de délices, à l'ombre de la vérité éternelle, sous les yeux du roi tout-puissant, LIV, 55. Ils seront les hôtes de Dieu. Qui mieux que lui peut combler de biens les justes ? III, 195. Nous ôterons l'envie de leurs cœurs. Ils auront les uns pour les autres une affection fraternelle, XV, 47. La félicité dont ils jouissent est sans mélange, XXXVII, 58. Mahomet représente le ciel sous la forme de jardins magnifiques, peuplés de jeunes garçons qui offrent aux élus la céleste boisson parfumée qui n'étourdit pas, et de houris, jeunes filles aux yeux noirs, qui n'ont de leur sexe et de leur âge que la grâce et la beauté. Images sensuelles, sans doute, et troublantes, mais pourtant simples images. Le ciel est le séjour des plaisirs spirituels, XVI, 98. Les élus verront Dieu. Le Coran et tous les livres qui traitent de la religion du Prophète sont d'accord sur ce point. « Il y a un bien dans le Paradis, dit le Chéikh-el-Alem, auprès duquel tous les autres biens du paradis même sont défectueux et peu considérables : ce bien est la vue de Dieu. Le paradis, Seigneur, s'écrie-t-il ensuite, n'est souhaitable que parce qu'on vous y voit : car, sans l'éclat de votre beauté, il nous serait ennuyeux. »

6º Tout vrai musulman croit et confesse qu'il existe une *Table*, ou *livre des décrets divins*, où tout ce qui sera, est écrit de toute éternité, y compris le destin des hommes.

Mahomet, à vrai dire, n'eut jamais de système arrêté sur la prédestination et la liberté. Si certaines expressions du Coran semblent faire de l'homme l'instrument inconscient des desseins de Dieu, d'autres en font l'auteur et l'arbitre de ses propres destinées, celles-ci par exemple : « Dieu est l'auteur du bien qui t'arrive ; le mal vient de toi, IV, 81. »

Les théologiens musulmans ont soutenu sur ce grave problème jusqu'à trois opinions différentes. La première de ces opinions, celle du « djabr », est nettement fataliste : l'homme ne fait rien par lui-même, son sort n'est pas seulement déterminé d'avance, il est écrit, et la vie de chacun de nous « est à l'égard du livre des décrets divins ce que la représentation d'un drame est par rapport au texte du poète » Sprenger : — La seconde est celle du «kadr» dont les partisans prennent énergiquement la défense du libre arbitre. Les défenseurs de ces deux systèmes opposés et extrêmes, portent dans l'histoire le nom de djabarites, et de kadarites ou motazilites. Dès le second siècle ils formèrent dans l'Irak, deux sectes puissantes et rivales. La troisième s'efforce de tenir un juste milieu entre les deux premières. En somme, rien de net, et l'Islamisme flotte indécis entre le fatalisme et le dogme de la liberté. Il semble admettre que Dieu est l'auteur de tout, même du mal. « Il faut

encore confesser, dit le catéchisme sonnite de Constantinople, que le bien, le mal, que tout enfin
a lieu par l'effet de la prédestination et de la pré-
motion de Dieu... que Dieu prévoit, veut, produit,
aime, agrée, la foi, la piété et tout ce qui est bien,
mais qu'il n'aime point et n'agrée point l'infidélité,
l'irréligion et tout ce qui est mal, bien qu'il prévoie,
qu'il veuille et qu'il opère ces différentes choses....
Personne ne doit s'enquérir de ce que Dieu veut : lui
seul a le droit de faire de pareilles questions.» — Ces
quelques mots rendent assez bien l'opinion générale
des musulmans.

LES « PILIERS » DE L'ISLAMISME.

Les préceptes de la religion musulmane sont, les
uns négatifs, les autres positifs. Parmi les préceptes
négatifs les plus caractéristiques sont : l'interdiction
des jeux de hasard, de la danse et de la musique vo-
cale ou instrumentale; la défense de boire du vin (1)
l'obligation de s'abstenir de la viande de certains
animaux et spécialement de la viande de porc.

(1) Les Arabes, dit Douzy, étaient grands buveurs, et
mettaient un certain orgueil à l'être ; même parmi les disciples
de Mahomet, à Médine, ils y en avait qui venaient ivres à la
mosquée. Il était donc nécessaire de réagir contre l'ivrognerie,
et comme les avertissements, au sujet de l'abus du vin, n'avaient
pas produit de résultat, on le prohiba complètement. Omar
sanctionna la défense, en établissant la peine du fouet. Sans
grand succès toutefois ; depuis tout le temps que l'Islamisme
existe, on a bu du vin, et même beaucoup ; seulement par respect pour la loi, on ne l'a pas fait ouvertement et on se cache
pour boire, p. 152 ».

Les préceptes positifs sont au nombre de cinq. Tout musulman est, en effet, strictement tenu : de réciter le kalimah ou symbole ; de faire ses salâts ou prières ; d'observer l'as-saoun ou jeûne, de payer le zadakat, ou aumône, et d'accomplir le hajj ou pèlerinage.

Le *symbole* musulman tient dans ces courtes paroles : « La ilâha illa-'llah, wa Mouhammadou Rasoulou-'llâh. » Il n'y a de Dieu que le Dieu, et Mahomet est le Prophète du Dieu. Cette formule sacrée, le converti la prononce en entrant dans l'Islamisme et tout fidèle doit la redire tout haut au moins une fois en sa vie, faire de plus tous ses efforts pour en pénétrer le sens, la prononcer correctement, y adhérer de cœur, la professer sans hésitation, et la défendre jusqu'à la mort.

Le Coran fait à tous les croyants, de la *prière* fréquente, un devoir impérieux, et recommande en maint endroit la prière en famille. On doit la faire vêtu décemment, le visage tourné vers la Kaaba. La prière se compose d'un ou de plusieurs rikats. Ces rikats consistent en diverses attitudes, inclinations et prosternations, accompagnés de formules de prières, toujours en arabe.

La loi musulmane oblige les fidèles à adresser cinq fois le jour leurs prières à Dieu. Ces prières sont annoncées du haut des minarets des mosquées, par des crieurs nommés muezzins. La première est celle du matin : Adam, disent les musulmans, s'en acquitta le premier. La seconde est celle de midi : Abraham, disent encore les musulmans, la récita le premier. La troisième celle de l'après-midi : le prophète Jonas en est, dit-on, l'auteur. La quatrième, celle du coucher du soleil : c'est Jésus-Christ qui la fit le premier. Enfin la cinquième est celle de la nuit : on la tient de Moïse. Ces prières peuvent se faire, ou en commun ou en particulier, ou à la mosquée ou ailleurs. Elles sont composées de rikats et de la lecture de différents chapitres du Coran.

La prière publique des vendredis a lieu dans les villes seulement. Elle est d'obligation ; elle doit se faire à la mosquée et en corps sous l'imanât du sultan ou de son lieutenant. Elle se fait à midi. Elle se compose de la khotba, mot que l'on traduit habituellement par prône. — Un ministre nommé khatib fait ce prône. Dans toutes les villes qui ont été prises par la force des armes, le khatib le prononce, la main appuyée sur la garde d'un sabre. — Après le prône un vaez ou prédicateur prononce ordinairement un sermon ; mais ce n'est qu'une pratique de surérogation ; l'on n'est point obligé d'y assister (1). Les autres jours de la semaine, il y a quelquefois des sermons à la suite de la prière de midi ou de l'après-midi. Cela est déterminé suivant les chartes de fondation de la mosquée (2). — La prière est toujours précédée de *purifications* rituelles. Les purifications, qui forment une des pratiques les plus essentielles du culte musulman, sont recommandées par le Coran et minutieusement réglées par les théologiens. A défaut d'eau pure et claire, on met en usage la purification pulvérale. On peut la faire avec de la terre, du sable, de la poussière, etc.

Le Coran recommande le *jeûne* «as-saoun» à tous les fidèles, comme une œuvre pie et méritoire, et

---

(1) Le vendredi n'est pas un temps de repos pour les musulmans : si ce n'est au moment de la prière, chacun vaque à ses occupations ordinaires.

(2) Garcin de Tassy, p. 164.

l'impose comme châtiment après certaines fautes. Tout musulman parvenu à l'âge de quatorze ans doit jeûner pendant tout le mois de ramadan. Ce jeûne consiste dans une continence parfaite, et dans une abstinence absolue (1), depuis l'aurore jusqu'au coucher du soleil. L'esprit de pénitence doit présider à l'unique repas qu'il est permis de prendre, dès le crépuscule du soir, ainsi qu'à la collation qui doit être faite avant l'aurore, le jeûne du ramadan est toujours accompagné de prières surérogatoires et d'aumônes considérables. Une partie de la nuit se passe en prières. Toutes les mosquées sont ouvertes durant les trente jours que dure le jeûne.

Les années des musulmans étant lunaires, le ramadan parcourt, tous les trente-trois ans, toutes les saisons de l'année. On s'imagine facilement combien ce jeûne est pénible lorsque le ramadan se rencontre en été. L'épreuve est dure, et le fidèle en salue la fin par une explosion de joie, en célébrant avec enthousiasme la fête de la rupture du jeûne «Il-al-fîtr» ou petite fête, — le petit Beyran qui dure quatre jours. Ces sept jours de fête sont, dans toute l'année, les seules où tout commerce et tout travail manuel sont suspendus.

Le Coran loue et prescrit la bienfaisance en général du moins à l'égard des musulmans; mais les *aumônes* obligatoires, qui constituent une sorte de taxe des pauvres, de zadakat, comme on les appelle, sont seules mentionnées dans la tradition. Originairement elles étaient destinées à soutenir les musulmans pauvres, à racheter les esclaves, à fournir les

(1) Il est défendu, non seulement de manger et de boire, mais encore de fumer du tabac, de se laver le visage, de respirer des parfums, d'avaler la salive volontairement etc.

frais de la guerre sainte, etc. ; mais elles sont deve-
nues dans la suite le fond même du trésor, et le
montant de ce que chacun doit payer a été exacte-
ment déterminé par les jurisconsultes.

Tout musulman libre et majeur, quel que soit
d'ailleurs son sexe, doit accomplir au moins une fois
en sa vie le *pèlerinage* sacré ou hajj. C'est à la Mecque et non à Médine que les croyants vont en pèlerinage : et c'est la Kaaba et non le tombeau de Mahomet qu'ils doivent visiter. Le pèlerinage a été em-
prunté à l'ancienne religion de l'Arabie par Mahomet
qui s'est contenté de donner un sens nouveau à d'an-
tiques cérémonies adaptées presque sans retouche au
culte musulman.

LE CHEF-D'ŒUVRE DU GÉNIE DU MAL.

On peut avancer hardiment que le monde religieux
n'est redevable à Mahomet ni d'une idée, ni d'un
sentiment, ni d'une pratique. Ce que le Prophète
enseigne, recommande, prescrit, d'autres avant lui
et mieux que lui l'ont enseigné, prescrit et recom-
mandé. La constitution théocratique qu'il a donnée à
son peuple n'est qu'une contrefaçon maladroite de la
constitution divine du peuple juif ; les lois qu'il a
promulguées ne sont, pour la plupart, que des institutions traditionnelles, des usages du peuple arabe
canonisés ; les dogmes qu'il a proclamés, le monothéisme et le prophétisme, étaient depuis longtemps
enseignés à ses compatriotes par les juifs, les chrétiens et les hanyfes ; la morale qu'il a prêchée, de
parole sinon d'exemple, dans ce qu'elle a de meilleur, se retrouve dans la Bible et dans l'Evangile ;
les pratiques enfin qu'il a le plus recommandées, la

circoncision, l'aumône, les jeûnes, les ablutions, les pèlerinages, étaient en usage de temps immémorial chez les Arabes païens comme chez la plupart des autres peuples sémites.

Mahomet fut donc en définitive, moins une voix qu'un écho. Religieusement il vécut d'emprunts et de souvenirs. Les emprunts, pour n'être pas avoués, n'en sont pas moins certains. Nous l'avons vu, dans sa jeunesse, curieux des choses de la religion, consulter les représentants de tous les cultes, et, au cours de sa vie publique, s'entourer d'hanyfes, s'occuper des juifs, fréquenter les chrétiens. Waraca le neveu de Khadidja, qu'il a canonisé, était chrétien ; Zaid-ibn-amr, l'implacable ennemi des idoles, dont il fut le contemporain et l'ami, était hanyfe. Avant de devenir ses ennemis implacables, les juifs furent ses premiers et ses plus chauds partisans, surtout à Médine. Si les souvenirs de Mahomet sont fidèles, les maîtres chrétiens et juifs du Prophète furent bien peu éclairés et bien peu orthodoxes, puisqu'ils auraient amené leur disciple à prendre au sérieux, les premiers, les rêveries gnostiques, les seconds, les fables talmudiques qui remplissent de si nombreuses pages du Coran.

Et cependant, malgré cette absence de toute idée nouvelle, l'Islamisme n'en est pas moins une religion profondément originale. Mahomet a si bien réussi à combiner entre eux et à adapter aux aspirations de l'humanité, aux bonnes comme aux mauvaises, les divers éléments religieux qu'il a empruntés aux arabes, aux juifs, et aux chrétiens, que sa religion ne ressemble à aucune autre. Si elle est arabique par ses institutions, elle est humaine, par son dogme et par sa morale. Le christianisme et le judaïsme, le premier surtout, sont surhumains, et par les véri-

tés mystérieuses que Dieu a inscrites dans leur symbole, et par l'idéal de perfection morale qu'ils tien-
nent sans cesse sous les yeux de leurs fidèles. Mahomet refuse de transcrire dans sa règle de foi les
mystères du symbole chrétien qu'il combat, avec une
obstination et par des arguments qui trahissent chez
lui encore plus d'ignorance que de passion ; et du
coup son système religieux est réduit aux proportions
d'un système philosophique, déiste et spiritualiste,
rien de plus. L'idéal moral juif et chrétien, lui pa-
raissant trop haut, il l'abaisse au niveau de son
cœur, c'est-à-dire, il le supprime et le remplace par
un mélange perfide de condescendance et de rigueur,
d'ascétisme et de sensualisme, bien propre à étouffer
les plus nobles élans de l'âme humaine, à satisfaire
les aspirations des cœurs vulgaires, et à encourager
les plus vils instincts de notre nature déchue.

« La doctrine musulmane, dit l'abbé de Broglie,
est une combinaison à doses bien graduées de religion et de morale, avec la satisfaction des passions
sensuelles et de l'orgueil. On pourrait la comparer
à un sel neutre particulièrement stable où les éléments opposés, rationalisme et fanatisme, règle morale et passion, soumission à la force et orgueil, sont
unis d'une manière tellement puissante qu'aucune
force naturelle ou humaine ne peut les séparer (1) ».

Ainsi s'expliquent en grande partie l'étonnante
vitalité et les effrayants progrès d'une doctrine qui,
à première vue, semblerait ne devoir pas survivre
à la ruine des institutions politiques qui l'ont d'abord
abritée, et ne pouvoir pas longtemps supporter la
concurrence du christianisme. Voilà bien longtemps
que l'empire arabe est mort; l'empire turc, qui a

(1) Revue des religions, 1890, p. 25.

pris sa place, agonise déjà sous nos yeux. Voilà bien des siècles que les musulmans vivent au milieu des chrétiens et que nos apôtres essaient de les convertir. Comment expliquer en particulier les succès persévérants de l'Islam, en Asie et en Afrique ? C'est que, la religion de Mahomet a pour elle tout ce qui plaît aux âmes vulgaires : la vérité partielle qui suffit à calmer leur désir impatient de résoudre le problème des destinées ; des vertus naturelles qui donnent satisfaction à leur besoin inné de justice et d'honnêteté ; des condescendances coupables qui laissent un libre cours à leur passions violentes, à l'orgueil surtout et à la volupté. Elle envahit, elle enchaîne, elle domine toutes les forces vives de la nature humaine, l'intelligence, la volonté, les sens.

Au musulman qu'il veut convertir, l'apôtre chrétien n'apporte guère que des enseignements qui étonnent la raison et des préceptes qui mâtent la chair. Au chrétien qu'il veut pervertir, le disciple de Mahomet présente une doctrine sans obscurité et une morale sans contrainte. Là est le grand secret des apostasies chrétiennes dans le passé et des conquêtes musulmanes de l'heure présente. L'Islamisme est le chef-d'œuvre du mauvais génie de l'humanité : *juif* par ses dogmes, *arabe* par ses pratiques, il est *satanique* par l'habileté infernale avec laquelle son auteur a fusionné, altéré, mutilé les éléments d'emprunt qui le constituent.

Mais ce qui semble impossible aux hommes est facile à Dieu. Tout ce qui est sain et fort dans l'humanité brisera, tôt ou tard, Dieu aidant, les chaînes souillées de l'Islam. Jésus-Christ redeviendra le Maître des peuples que Mahomet lui a pris. Quel éclatant triomphe il s'est donné en Espagne ! Voyez

renaître les peuples des Balkans. L'Orient lui-même
revivra. La croix resplendit ; le croissant recule. Ils
sont si manifestement comptés les jours de la domination musulmane sur le théâtre des premières conquêtes du Christianisme.

Et jusqu'au sein de l'Asie monstrueuse et de
l'Afrique barbare, qui oserait dire que le dernier mot
doit rester à Mahomet et à ses disciples ? Serait-elle
dépourvue de vérité cette vue d'un éminent histo-
rien catholique : « L'Islamisme doit préparer à la
civilisation les peuples les plus avancés dans la
barbarie, et notamment les Africains. Ces peuples qu'il fallait amener du fétichisme au monothéisme avaient besoin, dans leur degré inférieur
de culture, dans leur sensualisme brutal, de cette
transition, ou d'une transition analogue pour
arriver au Christianisme.....

N'est-il pas digne aussi de fixer l'attention du pen-
seur le jugement suivant porté par un philosophe
protestant sur l'œuvre du Prophète arabe ? « Le
mahométisme n'est rien moins qu'une religion originale. L'élément qui lui donne une valeur morale et
religieuse supérieure, lui vient du judaïsme et du
christianisme, dont il ne paraît être qu'un dernier
rameau. Son monothéisme, son horreur de l'idolâtrie, la pureté de sa morale n'ont pas d'autre source,
et l'on a pu sans paradoxe, le prendre pour une
forme inférieure de christianisme accommodée aux
besoins et à la taille de peuplades sémitiques d'une
demi-culture. Mais à côté de ce spiritualisme chrétien, il a conservé des éléments naturistes, restes
grossiers des vieux cultes de l'Arabie, qui, après
avoir fait peut-être sa fortune au temps de sa fer-
vente jeunesse, l'alourdissent et le paralysent
aujourd'hui. Aussi, malgré ses conquêtes, reste-t-il

toujours essentiellement une religion orientale, avec
la Mecque pour centre et pour foyer. S'il veut revi-
vre, il doit se réformer ; il doit entrer dans la voie
du progrès intellectuel et moral, s'affranchir des
superstitions locales, des espérances grossières, de
la haine de l'infidèle, du mérite des œuvres pies ;
il faut, en d'autres termes, qu'il achève de dépouil-
ler sa vieille nature et reçoive une nouvelle effu-
sion de l'esprit chrétien. Il ne deviendra universel
qu'autant qu'il se rapprochera du principe moral du
christianisme pour n'être plus qu'un, à la fin, avec
lui.»

TABLE DES MATIÈRES.

Cîteaux. — Imp. Guillermain.